产业地产定位解码

高翔　张会明◎著

图书在版编目（CIP）数据

产业地产定位解码 / 高翔，张会明著 .-- 北京：北京联合出版公司，2017. 10（2021.5 重印）

ISBN 978-7-5596-0836-9

Ⅰ . ①产… Ⅱ . ①高… ②张… Ⅲ . ①房地产业 – 研究 Ⅳ . ① F293. 3

中国版本图书馆 CIP 数据核字（2017）第 193724 号

产业地产定位解码

作　　者：高　翔　张会明

出 品 人：赵红仕

选题策划：北京时代光华图书有限公司

责任编辑：李　伟

特约编辑：彭慧敏

封面设计：零创意文化

版式设计：王杨帆

北京联合出版公司出版

（北京市西城区德外大街 83 号楼 9 层 100088）

北京时代光华图书有限公司发行

北京晨旭印刷厂印刷　　新华书店经销

字数 143 千字　787 毫米 ×1092 毫米 1/16　15.25 印张

2017 年 10 月第 1 版　2021 年 5 月第 2 次印刷

ISBN 978-7-5596-0836-9

定价：68. 00 元

本书编委会

顾　　问： 韩乐勇　刘玉峰　孔繁俊　李　宁　高方立
杨晓东　何　震　向鹏成　敖依昌　余卓群
刘　杨　秦承玉　梅　琦　邱　江　刘佶鑫
王崇恩

主　　编： 高　翔　张会明

副 主 编： 龙　飞　林　嵘　黄小华

策　　划： 重庆中经产业经济研究院
北京宗禹建筑设计有限公司

撰　　稿：（排序不分先后）
刘　可　王小军　韩　宁　梅凌晗　杨媛媛
余诗雨　罗星海　辜明连　刘　斐　贾晓燕
龚　明　刘艳艳　闫子川　刘戏虎

特别感谢： ZOE 建筑事务所
重庆博川房地产顾问有限公司

自序

产业地产项目建设容易，招商难，这似乎已经成为众多产业地产开发商的共同感受，不管是政府主导的园区，还是开发商开发的产业地产项目，或者是传统实体企业将自己多余的工业用地开发租售都面临这种窘境。如何将目标企业引入园区，实现产品的快速去化，这已经成为产业地产项目实现可持续发展必须解决的问题。

中经研究在近十年的产业地产耕耘中发现，大多数项目一旦出现招商瓶颈，开发商首先想到的就是通过扩大宣传渠道，强化招商执行来突围，最后却收效甚微。究其缘由，这些项目并不是招商渠道有问题，也不是招商执行不到位，而是产品与目标企业的需求出现错位，也就是通常说的定位出现偏差。

“七分产品，三分营销”，产业地产作为企业生产经营的重要载体，如果产品定位不准，不能适时地满足目标企业的需求，就算项目品质再高，宣传力度再大，招商力度再强，也是事倍功半。由此可见，一个项目定位准确与否将关系到项目的成败得失。

由于产业地产与住宅商业地产存在本质的差别，产品定位方法也就大相径庭。如果用住宅商业地产的定位方法去定位产业地产，其结果将“差之毫厘、谬以千里”。

为了让更多的产业地产开发商不再为项目定位所困扰，找到真正打开产业地产项目定位大门的“金钥匙”，中经研究结合上百个产业地产项目的成功服务经验和近五十个招商成功案例，运用理论和实践相结合的方法，全面系统地论述产业地产八大定位系统，让您真正掌握产业地产项目的定位密码。

中经研究一直致力于产业地产咨询服务，也在一直寻找机会将多年的成功经验与大家分享。《产业地产定位解码》作为中经研究的首部作品，在供大家借鉴使用的同时，也希望读者多提宝贵意见和建议，互勉共进。

目 录

第一章 产业地产之谜

从产业地产开发流程的分析中不难发现，产业地产定位在整个价值中起着关键性的作用，它直接决定着一个项目的生死成败。目前许多产业地产园区建设已经完成，交通便利、配套设施也算不错，但是招商却不理想，厂房出租、出售受阻。产生这些问题的原因，归根结底都是由于项目定位失败，或者前期根本就没有定位而引起的多米诺骨牌效应。

第二章

密钥一：产业定位解码

产业定位是产业地产项目定位的方向。由于产业地产是中小企业集聚的载体，要最大限度地发挥集聚与集群效应，必须从产业定位入手，对入驻企业有所选择。同产业的企业集聚，更能发挥产业集聚效应，也更有利于项目的后期运营。

第三章 密钥二：行业定位解码

行业是产业的基因，没有行业就无法形成产业；产业的发展壮大必须要行业的支撑，两者相互促进，共同发展；但是，行业又不等同于基因，因为行业的优化组合、排列才能促进产业的发展。有些开发商没有正确认识产业与行业的关系，导致最后引入的行业杂乱无章，既不能促进产业的发展，又不能促进行业的发展，使整个园区处于一个尴尬的境地，发展举步维艰。

密钥三：企业定位解码

企业定位是基于产业定位和行业定位的前提，对符合二者的企业进行大数据或针对性调研后得出的结论，从大量企业中筛选出有厂房购买或租用需求的企业，并找出其中有共性的企业作为项目的定位企业。

第五章

密钥四：产品定位解码

产品定位是项目规划设计的基础，直接关系到项目的施工建设与招商，因此也是定位的核心关键。产业地产的产品定位与传统房地产产品定位有诸多差别，目前在国内对产业地产的产品还未形成一套完整的体系。

第六章 密钥五：配套定位解码

一个成功的产业地产为入驻企业提供的绝不仅仅是一个生产办公的建筑空间，更大程度上为企业提供的是一个生态圈。入驻企业处于这个生态圈中，可以正常地生产、经营和运作，可方便地找到合适的劳动力和人才，可便利地享受园区优惠政策，降低企业运营成本。

第九章

密钥八：运营定位解码

对于初入产业地产领域的开发商来说，由于不清楚产业地产的运作模式和多元赢利模式，往往采用传统的地产开发模式进行产业地产开发，以短期变现为目的。这类产业地产往往“地产”属性强过“产业”属性。这类项目往往只给入驻企业提供了一个建筑空间，让企业拥有更光鲜的外表，但没有从根本上改变企业的运营环境。

第一章

产业地产之谜

从产业地产开发流程的分析中不难发现，产业地产定位在整个价值中起着关键性的作用，它直接决定着一个项目的生死成败。目前许多产业地产园区建设已经完成，交通便利、配套设施也算不错，但是招商却不理想，厂房出租、出售受阻。产生这些问题的原因，归根结底都是由于项目定位失败，或者前期根本就没有定位而引起的多米诺骨牌效应。

第一节 产业地产蓝海

抢滩产业地产，这是最好的时代

“产业地产”这个词在十年前还很陌生的，如今被四处提及。2014 年，光谷联合、亿达中国、宏泰发展纷纷上市，被称为地产市场最后的一片蓝海，已成为资本巨鳄角逐的战场，因此在几年前一个默默无闻的非主流，伴随着新型城镇化的推进、产业新城概念的崛起，以及传统房企既得红利的日渐衰竭，这些企业开始被重新审视和包装。

图 1–1 某产业地产项目效果图

在当前住宅和商业地产遇冷的背景下，产业地产成为传统房企转型的一条出路，因此传统房企纷纷放手抢占园区板块。在2016年《财富》杂志评选的中国500强企业名单里，45家入围房企中超过2/3的企业涉足产业地产业务。

表1–1 中国500强房企布局产业地产

序号	企业名称	开发的部分产业地产项目
1	万科	郑州美铭全球高新智慧产业园、上海万科七宝国际
2	恒大	吉林人参产业园、兰考恒大家居联盟产业园
3	保利	桂林保利文化创意产业园、南沙保利电商港
4	碧桂园	甘肃兰州新城、惠州潼湖科学城
5	世茂	南京海峡城、平潭海峡城
6	招商局	广州番禺清华科技园、蛇口网谷
7	金隅	河北金隅现代工业园、北京窦店科技产业园
8	金地	金地珠海科技园、深圳威新软件科技园
9	远洋	大连创智高地产业园、北京智能核心研发产业园
10	荣盛	黄山文旅产业园、香河现代产业园
11	金科	长沙科技新城、重庆两江健康科技新城
12	金茂	长沙梅溪湖国际新城、南京青龙山国际生态新城
13	中粮	深圳中粮商务公园、深圳中粮机器人智造产业园
14	鸿坤	北京西红门金融谷产业基地

除了专业产业地产发展商、传统房企外，想在产业地产领域分一杯羹的还有部分实体企业，如联想、海尔、中兴、汇源、TCL等。这些实体企业是各级政府争相抢夺的对象，它们以低地价或零地价获取大量工业用地，从而转型开发。

众多企业抢滩产业地产，也吸引了资本的扎堆，产业地产迎来了一个最好的时代。

遇困产业地产，这也是最坏的时代

趋之若鹜，却破门乏术。虽然地方政府积极引导产业地产项目落户，并提供良好的政策保障，但由于产业地产与住宅、商业等传统地产在客群定位、运营模式等方面有很大的区别，产业地产项目开发商需要具备更全面的综合实力，因而许多有涉足产业地产领域想法的企业被“拒之门外”。

转型开发产业地产的传统房企具备雄厚的资金优势和丰富的地产开发经验，虽然他们在把控开发节点和控制成本方面技术纯熟，但是对产业地产的政策、产品和运营等方面缺乏足够的了解。因此许多传统房企以产业地产名义拿地，却兴建商业地产甚至住宅地产，难以实现真正的转型。

同样，转型产业地产开发的实体企业，虽然具备产业方面的经验，但对于地产运作、资金运作等方面摸不到门道，另外产业地产专业人才的缺乏也使其发展受阻，很难有效推进项目。在中经研究接触到的客户中，众多实体企业涉足产业地产，却由于盲目上马，导致销售遇困、资金链断裂。

对于专业的产业地产开发商，在发展的过程中也并非一帆风顺，即使有本土的成功，如联东U谷、天安数码城、成都置信、大连亿达、华夏幸福等，一旦走出埠外，面对陌生的产业环境，前途也充满挑战。与此同时，在快速扩张中如何解决资金瓶颈、人才输出、远程管控和精准的项目定位，也是亟待解决的问题。

众多企业遇困产业地产，产业地产哀鸿遍地，这也是最坏的时代。

在这样一个充满了机遇与挑战的时代，规范产业地产、引导产业地产步入正轨显得尤为重要。产业地产的前期定位体系是引导其规范发展的必要步骤，本文将从产业地产定位层面对前期定位体系的意义及具体操作进行全面分析，迈出行业规范发展的第一步。

第二节 认识产业地产

产业地产的定义

到目前为止，业界对产业地产的定义众说纷纭，但主要有以下三种定义得到广泛认可：

1. 联东集团（LIANDO）对产业地产的定义

产业地产是指以产业为依托，土地为载体，实现土地的开发与运营。产业地产的开发对象包括独栋写字楼、高层办公楼、标准化厂房和中试研发楼等。

2. 全国房地产经理人联盟主席杨乐渝对产业地产的定义

产业地产是一种将地产、产业、城市三方面发展有机结合，相互促进的商业模式，其在提升城市产业价值、产业能力、聚集人口与资本、调整经济结构、促进产业升级与可持续发展方面具有独特的作用。

3. 罗兰・贝格国际管理咨询公司（Roland Berger）对产业地产的定义

产业地产是指充分结合土地资源、项目所在地政策与产业经济发展规划，经过科学分析判断而进行的综合性土地项目开发，地产商作为土地资源的运营者，对于整个产业价值链的组合与配置环节，实施相关的专业开发与配套服务设计、建设、运营，在规划的战略期内，实现多赢、共同促进的局面，赢取长期、持续的高附加值受益的项目运营模式。

本书所描述的产业地产是“园中园”的概念，与联东集团对产业地产的定义类似，即地产商在工业园区中的开发与运营的工业物业，包括标准厂房、中试研发楼和独栋写字楼等。

图 1–2 某产业地产项目效果图

产业地产与商业地产的区别

商业地产，就是作为商业用途的地产形式，其招商对象既可以是自然人，也可以是企业，产品形态涵盖购物中心、商业街、综合市场等；产业地产是指以工业用地为主要载体，为工业生产、研发、配套等活动提供场所的地产形式，招商对象以企业为主，产品形态包括标准厂房、科技园区、物流基地等。

中经研究认为，产业地产与商业地产的区别可以从土地属性、目标客群、产品形态、招商渠道、后期运营及政策扶持六个维度进行对比，具体如下：

表 1–2　产业地产与商业地产的区别

类别	产业地产	商业地产
土地属性	以工业用地为主，50 年，地价低	以商业用地为主，40 年，地价高
招商对象	企业法人	企业法人或自然人
产品形态	标准厂房、科技园区、总部基地、物流基地等	购物中心、商业街、综合市场、社区商业等
招商渠道	进程慢、渠道小众化	进程快、渠道大众化
后期运营	关注企业需求，注重产业聚集、强化企业服务，收益多元化，赢利能力强	关注消费者需求，注重商业氛围的营造和商户维护，赢利能力相对固定
政策扶持	政策鼓励，优惠政策多	市场化运作，优惠政策少

1. 土地属性

（1）用地性质不同

产业地产的用地性质以工业用地为主，一般规划在城市外围工业集中发展的区域，公共交通和城市配套功能相对不完善。商业地产一般用地性质为商业用地、商住用地、商服用地，往往分布在城市核心区，对地段的要求高，公共交通和城市配套功能完善。

（2）用地年限不同

《城镇国有土地使用权出让和转让暂行条例》（国务院令第 55 号）规定工业用地最高年限为 50 年，商业、旅游、娱乐用地为 40 年。我国大部分地区都按照最高年限来交易土地使用权。但近年来，由于工业用地呈现出收紧趋势，多地发布新政，工业用地最高年限由 50 年降为 20 年，用地年限的大幅缩短在一定程度上限制了产业地产的发展。

图 1–3 部分地区工业用地年限

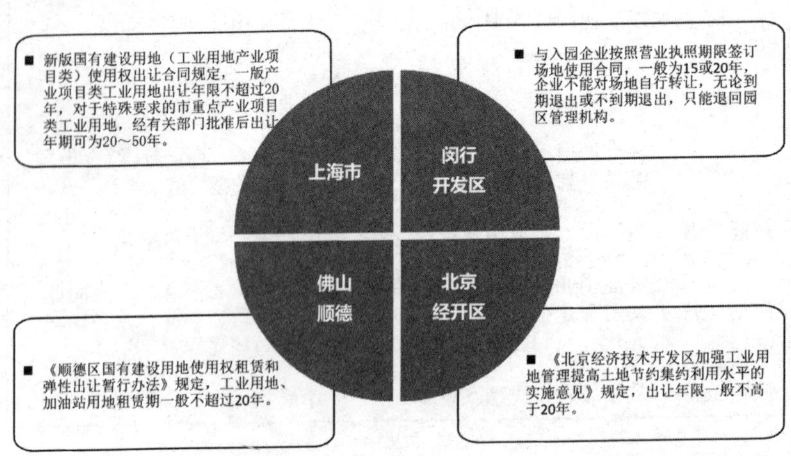

（3）用地价格不同

据研究显示，工业用地的基准地价只有商业用地的 1/4，而实际成交价格，工业用地只有同类地段商业用地的 1/5 到 1/10，甚至更低。中经研究对重庆市 2015—2016 年工业和商业用地的分析也证实了这一点。2015 年重庆市工业用地成交均价约 441 元 /m^2，而商业用地成交均价为 6623 元 /m^2，是工业用地的 15 倍，2016 年更是高达 20 倍。工业用地价格低，使得投资产业地产的门槛更低，制造企业、建筑商、房地产商纷纷进入产业地产领域，想从中分一杯羹。

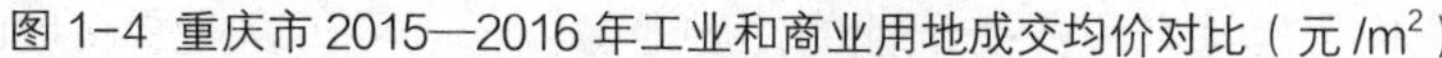
图 1-4 重庆市 2015—2016 年工业和商业用地成交均价对比（元 /m²）

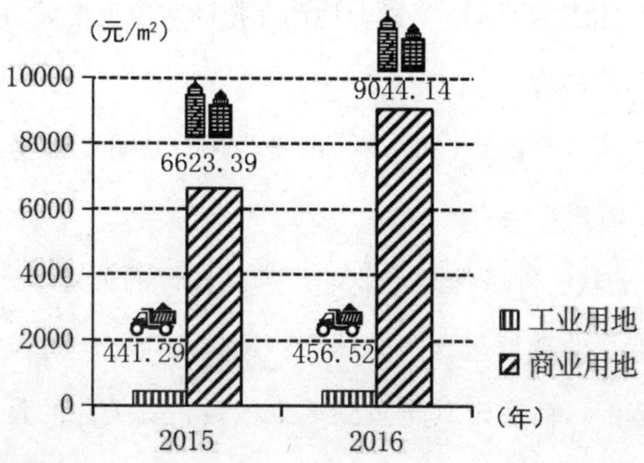

2. 招商对象

（1）产业地产的招商对象主要为企业法人

产业地产是以产业为核心，地产为载体，其目的是为了解决区域龙头企业或骨干企业的配套中小企业的生存和发展。地方政府在鼓励和扶持产业地产发展的同时也给予了限制，特别是在招商对象上，政府明文规定必须是企业法人才有资格购买厂房物业，并且要求在规定时间内将企业营业执照、组织机构代码证和税务登记证的注册地迁入购买物业所在地的工商局和税务登记机关，保证企业真实入驻，为当地政府带来产值、税收和解决劳动力就业。

（2）商业地产的招商对象为公司法人或自然人

商业地产的招商对象除了公司法人外，还有自然人。自然人购买的用途可以自用也可以投资，同时也没有企业营业执照、组织机构代码证和税务登记证的注册地必须迁入购买物业所在地的硬性规定，相比产业地产，商业地产在招商对象上更灵活、更开放。

3. 产品形态

一切房地产的产品，最终都是为用户设计与服务的。不同的客群，需求也会有差异。

（1）软硬件条件是产业地产产品设计的关键

制造企业选址包含两个环节：选位和定点。选位是针对大的区域范围，而决定其定点到一个项目，其关注的是该项目设计的软硬件环境是否满足其要求。

硬件条件是否能达到要求，直接影响了企业的进驻决策，如果其硬件需求的某一项不能被满足，就会导致企业无法入驻，甚至不考虑购买。

例

某一区域机械加工类企业多，基本要求层高 8m 以上、不能上楼，而某项目却建设 5~6 层工业楼宇，底层层高不足 6m，导致大部分企业被排除在外，该项目的招商也很难推进。再比如，某项目未将平面与立体物流交通衔接，导致货物到厂区之后，需多次搬运才能进入货梯，增加了成本，这也导致项目产品的滞销。

软件条件主要关注的是对人和企业服务两方面：

对人的服务主要是指基本配套生活设施与活动空间，满足企业员工及管理人员的食宿与娱乐需求。

对企业的服务主要是指为企业提供的各类服务平台，在产品设计时，需要考虑这部分的需求，并预留空间去解决。

图 1-5 产业地产产品设计的软硬件

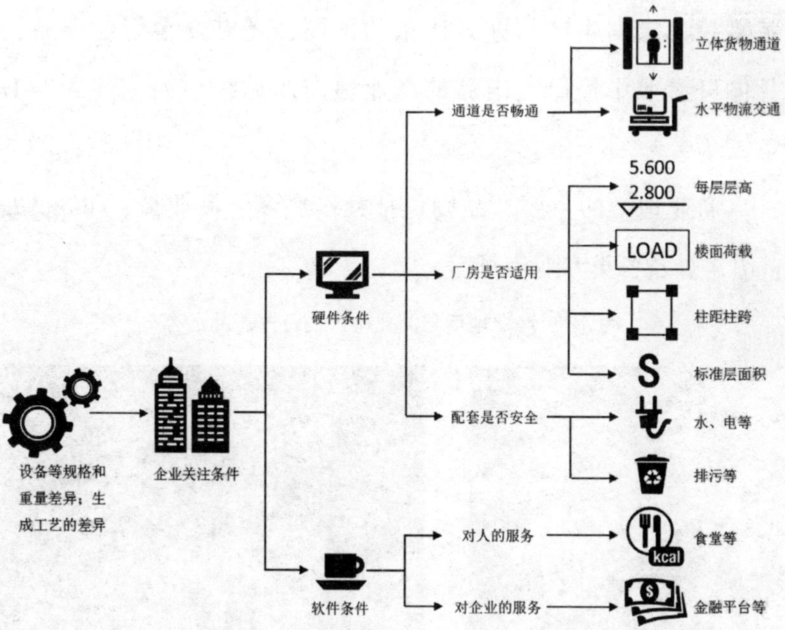

（2）内外部条件的规划是商业地产产品设计的关键

与产业地产类似，商业地产的规划也必须满足硬件环境，包括层高、开间与进深、面积与形状、上下水、配电、燃气与烟道等，主要满足不同业态组合的需求。由于商业地产往往是规划不同业态的组合及人流动线等，因此每个商铺的设计都会有所区别，平面规划也更加复杂。除内部环境外，商业地产产品还关注外部的可视性，包括标牌位置、引导牌等。

（3）产品设计的不同使产业地产与商业地产呈现出不同的表现形态

产业地产与商业地产的产品形态差别较大。产业地产的主要产品有低层独栋厂房、多层工业楼宇、科技园区和总部基地等，依据生产与办公比重的不同，还有众多衍生产品，具体可参照中经研究出品的产业地产产品线系列（详见本书第五章）。

商业地产的主要产品则包括社区底商、商业街、shopping mall，以及各类专业市场等。

图 1-6 产业地产与商业地产的不同产品形态

VS

4. 招商渠道

（1）产业地产招商注重的是“点”

鉴于国内大多城市的地方政府在产业地产的招商对象上必须是企业法人的规定，限制自然人投资，因此，产业地产的目标客户主要为企业主，目标客户相对小众，如果大规模地在报纸、电视广告上进行广告轰炸，往往效果较差，很难将项目信息准确地传递给目标企业。

（2）商业地产招商注重的是“面”

商业地产的目标客户更为广泛，除了企业法人外，还有个体投资者。因其自用和投资的双重属性，采用大众的渠道往往可以取得较好的效果。

5. 后期运营

目前，国内真正可称之为产业地产运营商的企业很少，大部分产业园区开发销售后，后续运营无以为继。而国外成熟的产业地产项目，其运营的收益相当可观，而且运营的收益是长期收益。

相对于商业地产，产业地产的运营更为复杂。中小型制造企业是产业地产的主要服务对象，围绕企业的发展，可提供的服务更加多元，比如融资服务、人力资源服务、综合政务等，而商业地产的服务却相对固定。

同时，由于产业服务更加多元化，对运营者的素质和专业化程度要求也更高。懂地产的人不一定懂产业，懂产业的人不一定懂地产。因此，产业地产的运营需要整合各方资源，产业地产的运营者也需要对企业的运营和未来的发展有准确的把握。

同样，由于产业服务的多元，运营的赢利也更加丰厚。商业地产的运营主要靠租金收益，产业地产的赢利除租金收益外，增值服务收益也是重要手段。

6. 政策扶持

产业地产主要针对中小型企业，一方面为中小企业提供发展的空间与服务，助力中小企业的成长，以此带动当地经济发展、增加就业岗位；另一方面能够促进土地的集约使用，保护地区生态环境。因此，各地政府制定了一系列优惠政策，鼓励产业地产的发展，例如减免建设配套费和人防费、给予入驻企业税收减免和租金补贴等。而商业地产由于赢利能力更强，适宜市场化运作，几乎没有相应的政策优惠。

除政策优惠外，政府为避免产业地产的商业化，在产业地产规划方面出台了相应的政策，使之与商业地产区分开来。

例 重庆市标准厂房要求建筑密度不低于 40%，绿化率不超过 30%，生活配套占地面积不超过总占地面积的 7%，在产权分割上一般只能分层或分栋分割。

此外，政府对入驻产业地产的企业也有相应的政策优惠，这些都直接提升了产业地产项目的吸引力。

第三节 产业地产的困境

中经研究从事产业地产咨询近十年，服务过上百家产业地产开发企业，归纳起来主要有三类：房地产开发商、企业经营者和建筑商。

这三类投资商都具有自己的优势，但是在进军产业地产的过程中由于对产业地产的认识不足，过分依赖经验主义，使项目陷入困局的大有人在。

万购地产网董事长徐惠认为，目前产业地产项目多数开发主体缺乏比较系统的产业地产开发和运营经验，无法有效运作项目，难以打造市场接受度高的产品。房地产开发商按照传统的房地产开发思维模式来建设，没有充分考虑实际经营者的需求；企业经营者能根据自己的需要来修建厂房，但无法提供符合其他企业经营者的产品；建筑商擅长施工组织和房屋建设，但在项目定位和市场把控方面经验不足，专业度不够，此外在项目融资、成本控制方面也有所欠缺，故而运作产业地产项目风险系数较大。

可见，造成产业地产困境的根本原因是很多开发商对产业地产定位的认识不足，或忽略了产业地产的前期定位，导致项目从一开始就遇到困境。根据中经研究在产业地产领域多年的研究，产业地产的困境主要表现在以下几个方面。

用地产化的思维运作产业地产

地产化思维，这是很多房地产开发商进入产业地产领域常犯的错误，认为产业地产就是拿地盖房子、卖房子，希望资金快进快出，看见产业地产的地价只有商业地产地价的十分之一，就开始琢磨打“擦边球”，用他们擅长的产品谋取最大利益。于是很多开发商就开始以科技园、总部基地、创意公园等项目立项，低价购入工业用地，开发建设成写字楼、LOFT、总部办公楼甚至商业门面等产品进行销售。在全国各地，这类案例屡见不鲜，但大多折戟。

例 以重庆茶园片区为例，2015—2016 年在售的十多个产业地产项目中，规划为办公类产品的面积达 200 万 m^2，从已开发的 80 万 m^2 办公类产品来看，去化不足 50%，部分项目销售两年至今鲜有成交。在重庆港城、水土片区等类似产业地产项目屡见不鲜。

用地产化的思维运作产业地产，旨在看重地块的价值，在规划上最大限度地保障项目的价值最大化，这种思维本无可厚非，但太多的产业地产开发商，一味追求价值最大化，而不顾项目区位的局限性，将项目规划为“高大上”的科研办公楼、总部基地等办公型物业，使项目处于泥潭中无法自拔。

尽管我国确实有一些在工业用地上规划办公型物业取得成功的案例，比如深圳天安数码城、北京总部基地、成都青羊工业总部基地等,但埋在这些项目光环之外的,是更多项目的失败。

图 1–7 深圳天安数码城规划图

产品照搬照抄，脱离当地市场环境

很多产业地产开发商将标杆项目原封不动地照搬到自己的项目中，而忽视了项目所处区域与标杆项目区域条件的差别，这种情况也往往导致项目的失败。

在中经研究接触的众多项目中，这种案例也很常见，甚至一些专业的产业地产开发商也会犯这种错误，尤其是专注于开发单品类产品的产业地产开发商。

例

重庆一家产业地产开发商，目前已开发了数个园区，专注做楼宇产业园。最初这些园区在离主城较近的工业园开发获得了成功，随着主城核心区域的工业用地指标越来越少，其开发的项目也走向外围。尽管区域改变了，但开发商设计的产品却仍以工业楼宇为主，由于在该区域能够上楼的企业非常少，除底层去化情况较好外，楼上厂房大量滞销。

同一公司的同类产品，不同区域会出现这样的问题，那些初入产业地产行业的公司，忽视项目所在区域经济和产业的特性，一味抄袭成功项目的规划和产品设计，最后落得东施效颦、邯郸学步的下场。

产品同质化造成无序竞争

如果某一项目卖得好，周边市场蜂拥而上的情形不仅在商业地产领域常见，在产业地产领域的也比比皆是。产品同质化造成同类产品的市场供应量急剧增长，而市场消化量却很有限，最终造成无序竞争。

比较典型的案例是成都遍地开花的“总部基地”项目。据《成都总部基地市场观察报告》显示，从2005年前后开始，作为四川省会的成都开始出现“总部基地”的产业地产开发模式，成都青羊工业总部基地开发建设后销售迅速，成为全国各地争相模仿的标杆。短短几年，成都“总部基地”开发热潮持续升温，目前已形成高新区总部聚集区、成华总部聚集区、武侯总部聚集区、青羊总部聚集区、锦江总部聚集区、金牛总部聚集区等6大总部聚集区，仅大型重点项目就多达21个，整体供应的各类总部基地物业逾700万m^2。如此大规模供应的“总部基地”，将导致市场的激烈竞争，供大于求的市场现状将成为不少“总部基地”开发商悬在头上的达摩克利斯之剑！

由于成都“总部基地”项目供应体量较大，同质化现象比较普遍，招商不可避免地出现很强的同质化竞争态势。在产品设计、客户定位和项目配套建设大同小异的背景下，成都总部基地招商实际上是几家欢喜几家愁。

表1-3 成都部分总部基地项目统计

项目名称	占地面积（亩）	规划建面（万m^2）
成都青羊总部基地	1089	110
空港总部基地	700	56
龙潭总部基地	2700	230
成都锦江工业总部基地	1934	88
德科总部基地	120	15

（续表）

项目名称	占地面积（亩）	规划建面（万 m^2）
呈祥总部基地	47	10
蓉城渝商总部基地	33	10
青羊绿舟总部基地	1986	120
天元总部基地	71	20
华影西南总部基地	30	6
九峰国际总部基地	90	10
凯旋国际总部基地	143	29
盛华总部基地	74	6
龙武总部基地	100	13
安都国际总部基地	12	10
总计	9129	733

资料来源：公开资料汇总整理

项目定位脱离产业基础

部分产业地产开发商由制造企业转变而来，由于拿地后自身用不完，或想赚取产业地产的红利而开发产业地产。依托对自身行业的熟悉，开发项目往往以自身所处的行业立项，开发的产品是适合同行业企业需求的产品，但不一定适合其他企业。

例如，重庆一家做印刷包装的企业，以产业聚集的名义在某区县投资建设了一个以印刷包装为主题的产业园。但是该地区的传统产业为鞋业，大力发展的新兴产业为笔电配套产业，不具备印刷包装产业基础，最终该项目在成功拿地、施工建设过程中，因招商受阻，资金链断裂被迫停工。

这些问题都是中经研究在深耕产业地产领域遇到的，造成这些问题的主要原因是产业地产开发商不重视项目的前期定位。在传统房地产领域运用成熟的定位体系，并不适合产业地产领域，需要重新制定一套定位体系以解决目前存在的困境。

第四节　解决困境的八大密钥

定位前置是解决产业地产困境的良药

产业地产的困境，很大程度上是由于产业地产开发商未将定位前置，在项目动工之前未对市场进行详细客观的分析，最终导致销售遇困。

产业地产与商业地产的共同之处在于其“地产”属性，即作为一项地产物业，同样要经历从投资研究、拿地到招商、运营的整个地产开发流程。

图 1-8 产业地产开发流程

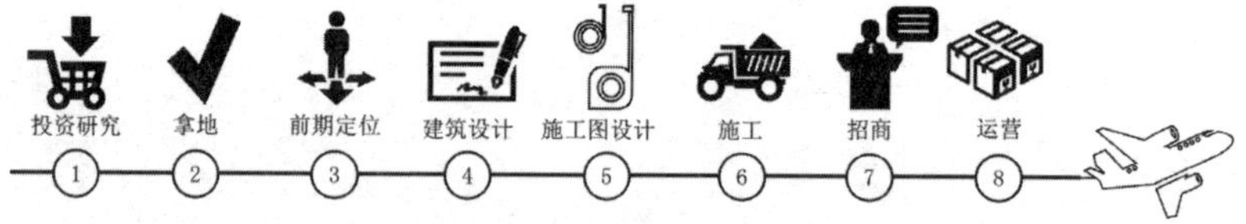

从产业地产开发流程的分析中不难发现，产业地产定位在整个价值中起着关键性的作用，它直接决定着一个项目的生死成败。目前许多产业地产园区建设已经完成，交通便利、配套

设施也算不错，但是招商却不理想，厂房出租、出售受阻。产生这些问题的原因，归根结底都是由于项目定位失败，或者前期根本就没有定位。

目前，国内专注于产业地产定位与运营的企业不多，中经研究是少有的专门为产业地产提供集成服务的机构，从 2010 年创建至今，已成功为全国 100 余家产业地产园区、企业提供专业集成服务，让这些企业少走弯路，规避风险。

产业地产定位的八大密钥

通过多年实战经验的积累，中经研究运用区域经济、产业经济和产业集群等学术理论，对产业地产定位进行系统研究，解码出产业地产定位的八大密钥。

图 1-9 产业地产定位的八大密钥

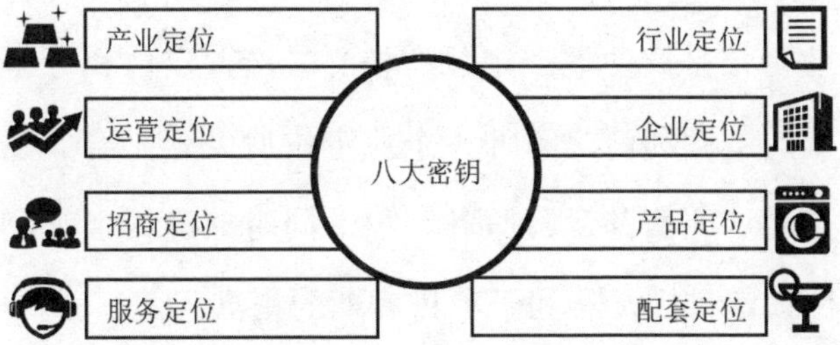

这八大密钥并非简单的平行关系，它们是相互关联、环环相扣的。其中企业定位和产品定位是产业地产定位的核心。

图 1-10 八大密钥的关系

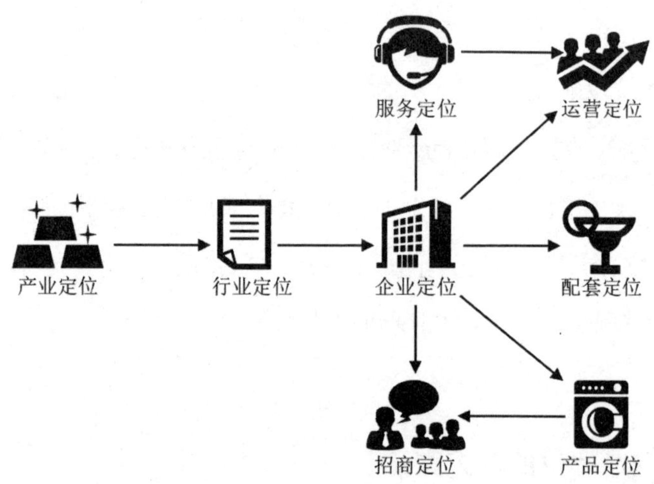

产业定位和行业定位是产业地产定位的基础，由于产业地产是中小企业集聚的载体，要最大限度地发挥集聚与集群效应，必须从产业定位和行业定位入手，通过上下游产业和关联产业的相关行业企业集聚，发挥产业集群效应，有利于项目的后期招商运营，发挥园区的最大价值。

企业定位是产业地产定位的核心，产业定位和行业定位是企业定位的基础和前提条件，企业定位后由企业需求直接决定项目的产品、配套及运营服务定位，同时准确的企业定位能为招商定位锁定目标，有利于项目后期的精准招商。

产品定位是指导项目规划设计的基础，其定位方向不但直接关系到项目的建设，更关系到项目的成败，因此也是产业地产定位的核心关键。

配套定位是产业地产项目不可或缺的一环，入驻企业及员工除了对主体的标准厂房或科研办公楼有严格要求外，必要的办公、生产和生活配套也是重点关注的要素。

服务定位是产业地产区别于商业地产或其他传统地产的关键。一个好的产业地产项目，给客户提供的不应仅仅是一个空间载体，更是一个企业发展的生态圈。

招商定位是对项目招商模式、招商渠道的设计，由对定位企业的行为分析演绎而来，有利于提高项目后期的招商效率，实现精准招商。

运营定位是为了使产业地产项目后期能实现持续赢利运转。一个产业地产项目招商的成功并不意味着整个项目的成功，能够实现持续运营才真正称得上是一个成功的项目。因此，运营定位也非常重要。

第二章

密钥一：产业定位解码

产业定位是产业地产项目定位的方向。由于产业地产是中小企业集聚的载体，要最大限度地发挥集聚与集群效应，必须从产业定位入手，对入驻企业有所选择。同产业的企业集聚，更能发挥产业集聚效应，也更有利于项目的后期运营。

第一节　产业定位是产业地产定位的前提与基础

产业定位是产业地产项目定位的方向。由于产业地产是中小企业集聚的载体，要最大限度地发挥集聚与集群效应，必须从产业定位入手，对入驻企业有所选择。同产业的企业集聚，更能发挥产业集聚效应，也更有利于项目的后期运营。

产业集聚效应反映出产业发展的必然趋势，例如美国硅谷，聚集了一大批计算机和电子信息等高新技术企业。国内的例子也很多，比如在重庆市，诸如电子信息、汽车制造、装备、化工、材料和能源等产业都各自聚集在特定的地区，形成一种地区集中化的制造业布局。

世界各国都在提倡产业集聚，这是因为同类型或同产业企业的聚集，能够起到提高生产率、促进区域创新，以及加强区域竞争力的作用。

图 2-1 产业集聚效应

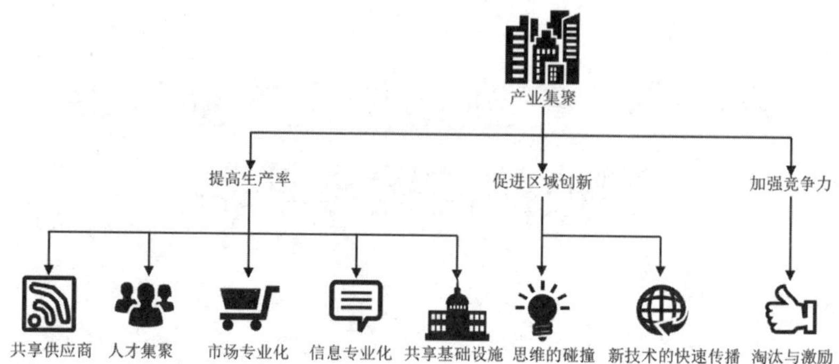

产业集聚有助于提高生产率

产业集聚可吸引同一产业的大量企业聚集在集聚区域内，让这些企业能够共享供应商和基础设施，形成人才集聚，推动市场专业化和信息专业化发展，提高企业的工作效率，以便更好地为客户提供产品或服务，形成比集聚区域外企业更多的竞争优势。

1. 共享供应商

同一产业的大量企业聚集在一起，为各种生产资料供应商提供了规模化、稳定化的客户市场；另一方面，许多专业化供应商集聚在同一区域内，能够更方便地为一个产业发展提供所需的各种生产资料。此外，供应商集聚既能形成有效的竞争和合作机制，降低生产资料成本，又能增强产业链上各类企业之间的互动与联系，提高工作效率。

2. 人才集聚

企业不断发展，技术要求不断增强，对人才的知识技能水平也提出了更高的要求，使得企业面临招聘难、招聘贵的局面。产业集聚能吸引大量人才集聚，既能为专业人才提供良好的就业平台，又能增加企业找到适合员工的可能性，降低企业招聘人才的成本。

3. 市场专业化

产业集聚既集聚了大量生产资料供应商和生产企业，又集聚了许多需求客户，形成一个产业的专业化市场。

4. 信息专业化

由于同一产业的大量企业聚集在一起，共同构建专业化的沟通交流平台，推动产业相关的前瞻技术、客户需求和发展动态等各类信息在区域内得到广泛传播，形成区域内企业的竞争优势。

5. 共享基础设施

大量企业在区域的聚集，能够更方便、更全面地获得政府各个方面的投入，从而降低企业自身在基础设施方面的投入。此外，为企业提供配套服务的公共资源和第三方资源也将集聚，比如医院、学校、税务、协会商会、培训机构、检验检测机构和知识产权认证机构等，对企业的经营发展提供良好的支撑条件。

产业集聚有助于促进区域创新

产业集聚能够促进一大批新企业的诞生，为实现区域创新提供便利条件。在产业集聚的区域内，同一产业的企业将围绕整个产业链提供产品或服务，创业者在对产业链进行仔细分析后，能够更容易挖掘出缺失环节，从而抓住市场需求机会，建立新的企业。由于新办企业的目的是弥补产业链缺失环节，因此在产业链上有满足企业需求的上下游企业，降低了市场准入条件，从而比在产业集聚区外更容易成功。

产业集聚能够激发企业老板互相学习的欲望，通过知识的交流和传播，形成思维的有效碰撞，创新企业的生产方式和经营模式，能推动新技术的快速传播。产业集聚能够加强企业间员工的沟通交流，通过分享实践工作中的经验，发掘新模式、新方法、新理念，营造出边干边学的良好氛围，相互提高技能水平，增强自身及企业的创新能力，共同推动产业的进步。

产业集聚有助于提高企业竞争力

竞争是企业提升自身优势的动力源泉，有助于提高企业的市场份额。竞争不仅体现在对客户市场的争夺，还体现在其他方面，比如处于同一区域的相同产业企业相互对比，为企业评价自身业绩好坏提供良好的评判依据，也为企业不断前行发挥积极的激励作用。

首先，竞争对手的存在，迫使企业不断提高自身的技术水平，改良设施设备，降低生产成本，始终关注科技浪潮的前沿，永不止步，让自身长期保持竞争优势。

其次，竞争对手能够使企业获得更好的竞争地位，主要体现为：

1. 竞争对手可吸收客户的需求波动，从而使企业能够合理利用其生产能力。

2. 竞争对手作为对比评判依据，能够增加企业创新的动力。

3. 竞争对手能够使企业更专注自身优势突出的某些细分领域。

4. 竞争对手的存在降低了企业遭遇“反垄断”等政策风险的可能。

产业集聚增强了企业之间的竞争，也提升了产业集聚区的整体竞争实力。竞争的结果是一种合作博弈，使得合作双方的收益都能够提高。企业为了在与竞争对手的博弈中占据有利地位，不断提升自身的技术水平和运营管理模式，抢占产业的前沿地带，形成自身的核心竞争力。

正是由于产业集聚效应能促进产业的发展，各地都非常重视产业的集群与集聚，并从政策上进行引导。对于产业地产而言，其本身就是一个集合了众多企业的载体，若有明确的产业定位，即可形成一个产业集群。因此，产业定位是引导产业地产项目走向产业的集聚与集群的重要手段；反过来，产业的集聚与集群会增强产业地产项目的吸引力，吸附更多同产业和相关产业的企业入驻。

第二节　产业定位的基础方法论

城市生长理论

城市的发展是连续的，它的结构、形态增长也是连续的，并且在每个发展阶段拥有不同的发展重点。城市生长理论是一种城市规划学理论，广泛应用于城市设计、片区规划的研究中。城市生长理论形象地指出了城市和城市群是一个不断生长的过程，而其生长发育的机制和趋势是重点研究的对象。

近年来，随着我国工业化和新型城镇化不断深入，城市群的发展已经成为我国城市化的重要力量。

对于城市生长理论的研究，能够帮助我们了解城市未来的发展趋势，站在整个城市群的高度，针对城市群内部各个区域的发展趋势和现状条件，制定针对性强的产业发展导向。这也是中经研究将之作为产业定位的方法论基础的重要原因。

《国内外新城开发模式研究》报告显示，城市的形成和发展就是其功能和空间不断生长的过程。一般来说，最终能够演化成为国际大都市带的城市都经历了四个过程。

世界上大都市的发展虽然功能各有不同，但通常随着城市规模由中心向外围扩张，形成了规律性的空间结构。这种空间结构自内向外和自小向大可以分为四个圈层，代表了大都市发展过程的四个阶段：

1. 中心城市

中心城市的面积一般在 100~600km^2，半径 5~10km，人口密度在 10000~20000 人 /km^2。

2. 大都市区

由中心城市和郊区城市地区组成，面积一般在 1500~2000km^2，半径 30–50km，人口密度在 5000~10000 人 /km^2。

3. 大都市圈

由一个以上的大都市区组成，面积一般在 10000~20000km^2，半径 100km 左右，人口密度在 1000~2500 人 /km^2，其中周边大都市区的人口可以大于中心大都市区。

4. 大都市带

由一个以上的大都市圈组成，面积一般在 30000km^2 以上，半径 200~300km，人口密度在 300~1000 人 /km^2。

图 2–2 大都市发展的四个阶段

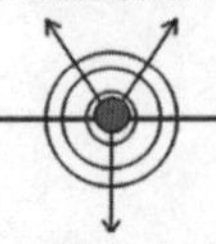

依托公路、铁路、航海、航空现代化交通网络和新一代信息技术等快速发展，城市在区域中的地位得到不断提升，城市的发展也将形成网络化的空间布局。

发达国家著名的大都市，例如英国伦敦大都市、法国巴黎大都市、美国纽约大都市和日本东京大都市等，一般都经历了完整的发展阶段，形成了较为齐全的四个圈层。

1. 英国伦敦大都市的四个圈层

分别为内伦敦中心城市、大伦敦（包括市区及附近的29个城镇）、伦敦大都市圈、伦敦－伯明翰大都市带。

2. 法国巴黎大都市的四个圈层

分别为巴黎中心城市（环行大道内的20个区）、巴黎大都市、大巴黎大都市圈（巴黎市加上周边7个省，即伊尔－法兰西地区）、巴黎大都市带。

3. 美国纽约大都市的四个圈层

分别为纽约中心城市（包括曼哈顿等5个区）、纽约大都市、纽约大都市圈（包括周边33个县）、纽约－波士顿－华盛顿大都市带。

4. 日本东京大都市的四个圈层

分别为东京中心城市（包括市区的23个区）、东京都大城市区（包括市区的23个区和郊区的27个县）、东京圈（包括东京都和神奈川、琦玉、千叶3个县）、首都圈大都市带。

表 2-1 四个国际大都市的空间结构与人口密度

	中心城市面积（km²）	中心城市人口/密度（万人/km²）	大都市区面积（km²）	大都市区人口/密度（万人/km²）	大都市圈面积（km²）	大都市圈人口/密度（万人/km²）	大都市带面积（km²）	大都市带人口/密度（万人/km²）
英国伦敦	310	234	1580	738	11427	1253	27224	3650
		7325		4716		1110		1340
法国巴黎	105	215	2125	832	12072	1065	145000	4600
		20495		3915		887		317
美国纽约	58	158	800	1606	10202	1930	140000	6500
		27491		20075		1861		464
日本东京	598	816	1890	1186	13500	3156	37286	3916
		13800		6275		2338		1050

我国的城市群规划具有自身显著的特征，主要表现在城市之间包含自然生态区、城乡差异明显、城市群中存在职能结构和等级结构等方面。目前我国的一些大型都市（如北京、上海）都处于多中心大都市圈发展阶段，郊区城镇从卫星城发展到新城，成为大都市发展的多中心发展极。

以北京为例，目前北京卫星城的规划建设进展加快，分担主城区功能的作用逐步显现，产业支撑日趋明显，辐射力和带动力大大增强。如亦庄最先是北京周边的一个小镇，1958 年根据北京市的城市规划，将亦庄规划为一个卫星镇，期间北京城市规划有过两次修改。由于优越的地理位置，经过几十年的建设，亦庄被确立为北京市重点发展的卫星城。目前，亦庄升级为北京经济技术开发区，更是得到了快速的发展和建设，与中关村科技园区一起形成北京的高新技术企业孵化和成果转化基地。亦庄新城成为北京经济增长的一极，除亦庄之外，顺义、通州等新城都得到了良好的发展，成为北京多中心的发展极。

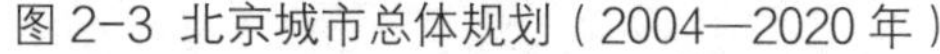

图 2-3 北京城市总体规划（2004—2020 年）

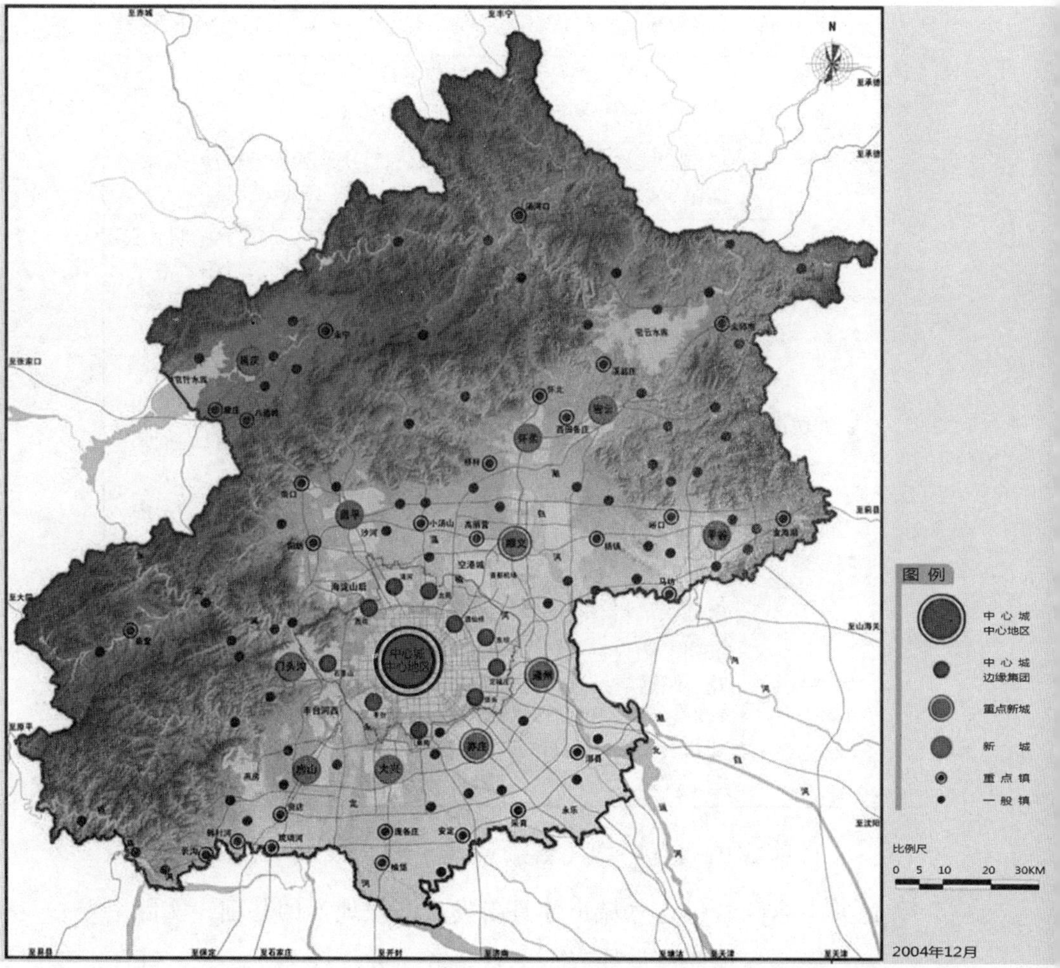

对于一个产业地产项目，首先要研究的是项目所处区域的未来发展趋势，这是制定项目发展战略的关键，而城市生长理论是洞悉城市未来发展趋势的重要理论。

按照我国对城市分级的定位，一般划分为一、二、三、四、五线城市。

表 2-2 《第一财经周刊》发布 2016 年中国 338 个地级以上城市分级排名榜单

排名	城市名称
一线城市	北京、上海、广州、深圳 4 个城市
新一线城市	成都、杭州、武汉、天津、南京、重庆、西安、长沙、青岛、沈阳、大连、厦门、苏州、宁波、无锡 15 个城市
二线城市	福州、合肥、郑州、哈尔滨、佛山、济南、东莞、昆明、太原、南昌、南宁、温州、石家庄、长春、泉州、贵阳、常州、珠海、金华、烟台、海口、惠州、乌鲁木齐、徐州、嘉兴、潍坊、洛阳、南通、扬州、汕头 30 个城市
三线城市	兰州、桂林、三亚、呼和浩特、绍兴、泰州、银川、保定、西宁、芜湖、赣州、绵阳、邯郸、临沂、唐山、宜昌、湖州、包头、济宁、盐城、廊坊、衡阳、吉林、大庆、丽江、荆州、连云港、遵义、呼伦贝尔等 70 个城市
四线城市	临汾、南阳、肇庆、丹东、德州、菏泽、九江、黄山、渭南、营口、孝感、沧州、马鞍山、聊城、三明、开封、锦州、汉中、酒泉、安庆、十堰、宿迁、承德、黄冈、本溪、绥化、恩施、达州、益阳、广元等 90 个城市
五线城市	滨州、阳泉、周口、遂宁、吉安、长治、铜仁、鹤岗、攀枝花、昭通、云浮、伊犁、焦作、凉山、黔西南、广安、新余、宣城、兴安盟、红河、眉山、宿州、阜新、晋城、克拉玛依、随州、文山、嘉峪关、六盘水、乌海、自贡、内江、西双版纳、陇南、克孜勒苏、果洛、三沙等 129 个城市

目前我国拥有一线（含新一线）和二线城市共 49 个，但这并不意味着仅这些城市才具备发展产业地产的基础，实际上有一些产业地产发展非常好的城市并不在一二线（含新一线）

城市之列，例如河北廊坊，辖区内的固安工业园在全国都很有名，是我国产业地产的标杆案例。固安工业园能发展如此迅速，与其所处区域密切相关。园区依托北京这个一线城市，一方面享受北京产业转移带来的机遇，另一方面，北京城市过大受到种种城市病烦扰，其功能向外围的疏解也给固安带来新的机遇。

图 2-4 固安工业园区区位图

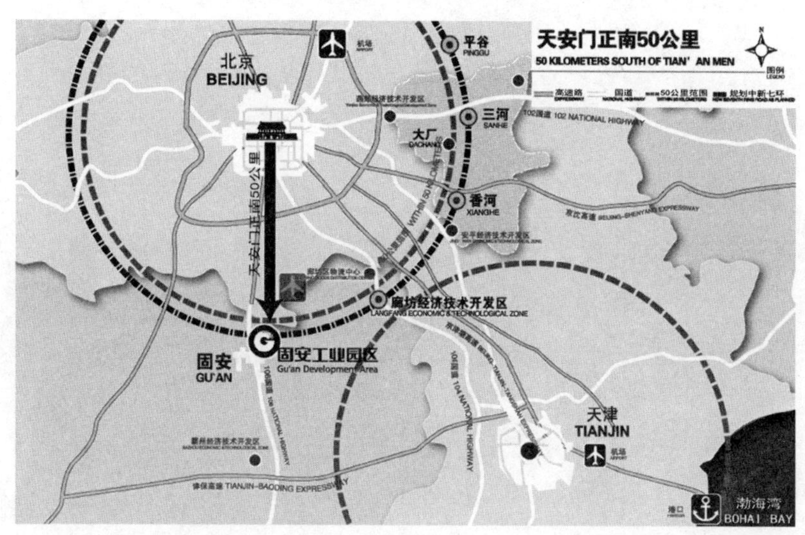

因此，城市生长理论为判断一个区域的未来发展趋势提供了一个重要依据，也是产业定位的前提。

产业梯度转移理论

产业梯度转移理论源于美国哈佛大学教授雷蒙德·弗农在《产品周期中的国际投资与国际贸易》一文提出的工业生

产的产品生命周期理论，即工业各部门及各种工业产品都处于生命周期的不同发展阶段，分为创新、发展、成熟和衰退四个阶段。随后，区域经济学家将这一理论引入研究领域，产生区域经济发展的梯度转移理论，其核心观点是区域产业结构对当地经济发展具有决定性作用，进一步演变成产业梯度转移理论。

图 2-5 产业转移图

产业梯度转移理论认为，区域产业结构决定着当地经济的发展，而地区产业经济现状，特别是主导产业所处生命周期阶段决定着区域的产业结构，因此产业梯度转移的本质是主导产业所处生命周期阶段不同而形成的区域产业转移。

如果一个区域的主导产业主要由处于创新阶段的产业组成，表明该区域具有良好的发展潜力，因此将该区域划为高梯度区域。该理论还认为，创新活动多发生在高梯度区域，是决定区域产业发展的核心要素。另外，对于任何一个地区，中经研究认为可分为知识创新区、技术创新区和生产制造区。知识创新区由于具备政治、经济、文化、人才、信息、教育、科研和配套等优势，因此通常认为它是创新程度高、产业梯度高的区域。随着时间的推移及主导产业在生命周期所处阶段的变化，主导产业将逐渐从高梯度区域向低梯度区域转移。

图 2-6 产业梯度转移图

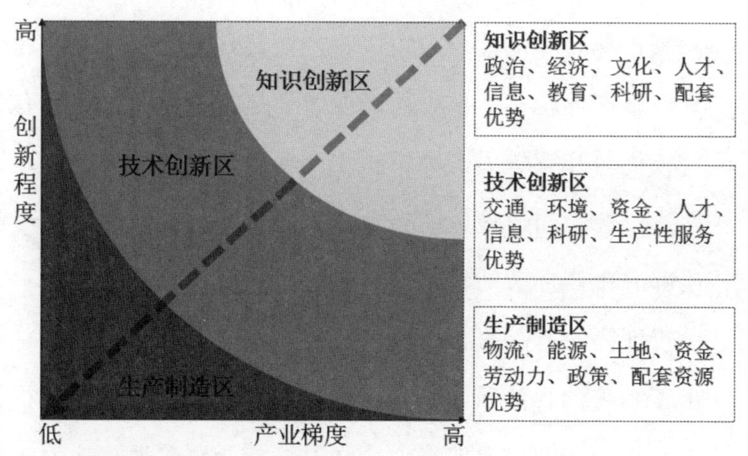

1. 产业梯度转移模式

戴宏伟、王云平认为，按照不同的视角，可以将产业转移分为四种模式[1]：

[1] 戴宏伟，王云平 . 产业转移与区域产业结构调整的关系分析 [J]. 当代财经，2008（2）

图 2-7 产业梯度转移模式

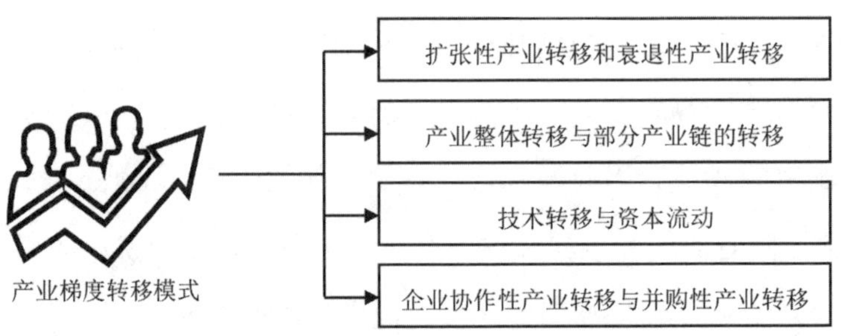

（1）扩张性产业转移和衰退性产业转移

根据产业转移的性质，可以将产业转移分为扩张性产业转移和衰退性产业转移。扩张性产业转移是指本地产业仍具有较强的比较优势和竞争力，为了扩大市场份额，采取向周边地区扩张性建厂或与周边地区的企业进行协作等方式而进行的产业整体或部分生产环节的转移；衰退性产业转移则是指本地不再具有比较优势的产业的向外转移。

由于二者的目的及出发点不同，因此其产业转移的途径、方式就有很大差别。一般来说，衰退性产业更多地表现为产业整体的、彻底的转移，而扩张性产业转移则更多表现为产业部分的、渐进式的转移。

（2）产业整体转移与部分产业链的转移

产业转移可以以整个产业全部迁移的方式向外转移，也可能是逐步向外转移部分生产环节，最后扩展至整个产业。地区间的产业转移是产业整体转移还是部分产业链的转移，既取决于产业转出方属于扩张性产业还是衰退性产业，也取决于转移方的战略目的和承接方的承接能力等具体情况。

（3）技术转移与资本流动

生产要素流动是产业转移的重要途径。其中，技术转移与资本流动对于产业转移的作用尤为重要。总的来说，产业转移的实质和关键问题是资本转移，资本的流向往往决定产业的转移方向，投资方所考虑的成本、收益等因素也正是产业转移的根本原因。此外，技术转移的重要性也不容忽视，技术转移的程度反映了产业转移方对产业承接地区的投资信心和重视程度，并在一定程度上决定了产业转移的深度和成败。

（4）企业协作性产业转移与并购性产业转移

一个地区的企业出于与周边地区企业进行协作、降低成本的目的，会将部分生产环节转移到合作企业进行生产，如技术合作、合资、OEM 等方式。另外，企业并购成功后，为了提高被并购企业的竞争力，并购方也会有目的地向被并购企业转移技术、资本、管理力量等，在转移过程中也往往伴随着产业环节的转移。

2. 产业梯度转移过程

王德禄认为，产业梯度转移的效应通过企业价值链的不断分解和区域个性化的再度集聚，集中体现在极化效应和扩张效应上[1]。

[1] 王德禄．产业梯度转移中开发区的制度创新与案例分析[J]. 中国科技成果，2004（7）：30–36

极化效应是指现代生产不断向条件优越的核心区域集中，进而产生巨大的集聚规模效应，即资源的优化配置；同时，核心区域的市场容量大，竞争能力强，产业的关联带动性大，产业的进一步集聚将产生更大的乘数效应。

扩张效应是指随着核心区的发展，配套产业方面的要求更高，同时劳动力成本和其他成本也日益上涨，因而向外围区域扩张是必然选择；再者，任何产品与技术均有生命周期，处于老化与退化期的产品、技术在核心区域缺乏竞争力，但在外围区域却能通过降低成本重新焕发竞争力。

朱跃军、姜盼认为，国际产业转移的结构性变化主要体现在三个方面：首先，高端制造业面临发达国家“再工业化”而导致的回流压力；其次，低端制造业面临后发经济体的挤压竞争；再次，服务业逐渐成为外商投资的主要领域[1]。

张继焦认为，以中国为例，中国承接国际产业转移经历了三次浪潮。第一次是20世纪80年代，我国抓住国际上以轻纺产品为代表的劳动密集型产业向发展中国家转移的历史机遇，加快了轻纺产业升级换代步伐。第二次是20世纪90年代，我国抓住国际产业结构调整和转移的难得机遇，极大地促进了机电产业发展和出口。第三次是世纪之交，我国抓住加入WTO带来的新机遇，新一轮以信息产业为代表的高科技产业生产制

[1] 朱跃军，姜盼 . 中国产业园区：使命与实务 [M]. 北京：中国经济出版社，2014

造环节大规模向我国转移，长江三角洲、珠江三角洲、环渤海湾、福建沿海地区初步形成了各具特色的信息产业基础[1]。

目前，我国比较有代表性的产业转移趋势主要有两点：

（1）我国产业正加速由东部沿海地区向中西部产业转移

唐智敏、陈福生认为，经过多年的快速发展，东部沿海地区资本相对饱和，本地市场已难以满足资本增值的需要，加之土地、劳动力和能源等生产要素供给趋紧、产业升级压力增大、企业成本居高不下、资源环境约束矛盾日益突出等问题，产业结构调整优化和升级成为必然。东部沿海地区已经越过初级工业化阶段，开始迈入高级工业化阶段，需要完成从规模扩张向结构提升的转变，加工工业和低端的劳动密集型产业向中西部地区转移的趋势日趋明显[2]。

（2）中心城市向外围中小城市产业转移

近年来，全国各中心城市在产业规划上都提出了“腾笼换鸟”，优先发展战略性新兴产业和第三产业的目标。我国的传统制造业，比如食品加工、家居建材、机械加工等产业，是典型的向外转移产业。在中西部中心城市，这些产业往往就近转

[1] 张继焦．中国东部与中西部之间的产业转移：影响因素分析 [J]. 贵州社会科学，2011（1）：69-73

[2] 唐智敏，陈福生．东部地区产业转移的趋势与特点 [J]. 理论导报，2008（11）：30-31

移，周边的中小城市成为这些转移产业的重要承接地。

产业转移理论是产业定位最重要的理论依据。对于产业地产项目，尤其是标准厂房项目，其招商目标是有选址需求的企业。企业产生选址需求的原因除了需要扩张建新厂外，最重要的原因在于寻求更低的运营成本和更优的政策，而这遵循的就是产业转移的理论。

产业链理论

产业链是指一个产业的企业群之间存在着一定的技术关联，它包含价值链、企业链、供需链和空间链四个维度。这四个维度在相互衔接的均衡过程中形成了产业链，这种“对接机制”是产业链形成的内模式，它像一只“无形之手”调控着产业链的形成。

产业链的本质是描述同一产业的企业群之间的相互联系，具有结构属性和价值属性等特征。产业链体现出不同企业群之间的上下游关系，通过提供相应的产品、服务或信息反馈来实现企业的抱团发展。

产业链理论中最为人熟知的理论是微笑曲线理论。微笑曲线理论是由宏碁集团创办人施振荣率先提出的，该理论认为，价值最丰厚的区域集中在产业链的两端——研发和市场，处于中间环节的加工制造附加值最低。没有研发能力就只能做代理或代工，赚一点辛苦钱；没有市场能力，再好的产品，产品周期过了也只能当作废品处理。

图 2-8 微笑曲线

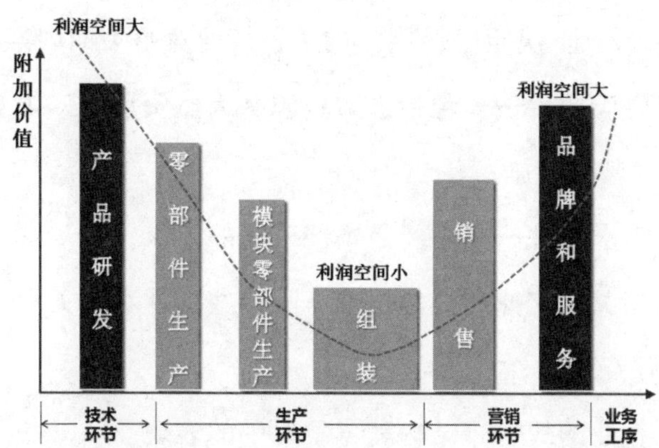

产业链与产业转移理论结合是产业定位的重要一环，根据产业转移理论，知识创新区是具备政治、经济、文化、人才、信息、教育、科研、配套优势的区域，一般处于城市核心区，这些要素是驱动创新的重要力量，而产品的研发设计及品牌服务等附加值高的环节，往往是需要知识与创新才能实现的。因此，在知识创新区，适合发展的是产业链中的高价值环节。生产制造区具备物流、能源、土地、劳动力等成本的优势，适合发展加工组装等附加值低的环节。

钻石模型

“钻石模型”是由美国哈佛商学院著名的战略管理学家迈克尔·波特率先在《国家竞争优势》（1990 年）一书中提出的。

波特的“钻石模型”用于分析一个国家某种产业为什么会在国际上有较强的竞争力，同样也适用于分析某一地区的产业竞争力。波特认为，决定一个国家的某种产业竞争力的因素有四个：

■ 生产要素——包括人力资源、天然资源、知识资源、资本资源、基础设施；

■ 需求条件——主要是本国市场的需求；

■ 相关及支撑产业的表现——这些产业和相关上游产业是否有国际竞争力；

■ 企业的战略、结构和竞争对手的表现。

波特认为，这四个要素具有双向作用，形成钻石体系。

图 2-9 钻石模型

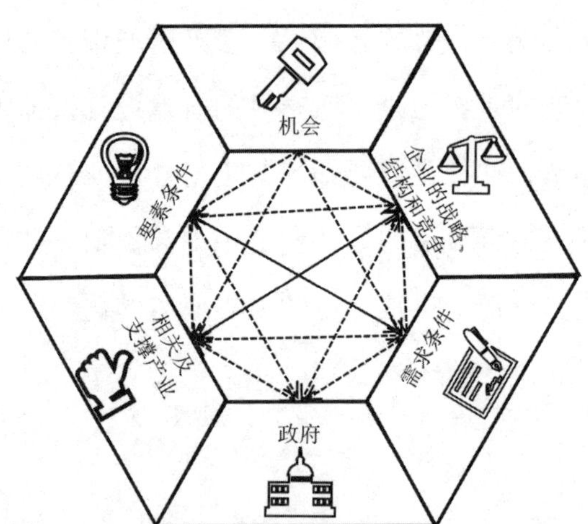

在四大要素之外还存在两大变数：政府与机会。机会是无法控制的，政府政策的影响是不可忽视的。

1. 关于生产要素

波特将生产要素划分为初级生产要素和高级生产要素。

初级生产要素是指天然资源、气候、地理位置、非技术工人、资金等，高级生产要素则是指现代通讯、信息、交通等基础设施，以及受过高等教育的人力、研究机构等。

波特认为，初级生产要素的重要性越来越低，因为对它的需求在减少，而跨国公司可以通过全球的市场网络来取得（当然初级生产因素对农业和以天然产品为主的产业还是非常重要的）。高级生产要素对获得竞争优势具有不容置疑的重要性。高级生产要素需要先在人力和资本上大量和持续地投资，而作为培养高级生产要素的研究所和教育计划，本身就需要高级的人才。高等级生产要素很难从外部获得，必须自己来投资创造。

从另一个角度，生产要素被分为一般生产要素和专业生产要素。

高级专业人才、专业研究机构、专用的软件、硬件设施等被归入专业生产要素。越是精致的产业越需要专业生产要素，而拥有专业生产要素的企业也会产生更加精致的竞争优势。

一个国家如果想通过生产要素建立起产业强大而又持久的优势，就必须发展高级生产要素和专业生产要素，这两类生产要素的可获得性与精致程度也决定了竞争优势的质量。如果国家把竞争优势建立在初级生产要素和一般生产要素的基础上，它通常是不稳定的。

波特同时指出：在实际竞争中，丰富的资源或廉价的成本因素往往造成没有效率的资源配置；另一方面，人工短缺、资源不足、地理气候条件恶劣等不利因素，反而会形成一股刺激产业创新的压力，促进企业竞争优势的持久升级。一个国家的竞争优势其实可以从不利的生产要素中形成。

根据推测，资源丰富和劳动力廉价的国家应该发展劳动力密集的产业，但是这类产业对大幅度提高国民收入不会有大的突破，同时仅仅依赖初级生产要素是无法获得全球竞争力的。

2. 国内需求市场

国内需求市场是产业发展的动力。国内市场与国际市场的不同之处在于企业可以及时发现国内市场的客户需求，这是国外竞争对手所不及的，因此波特认为全球性的竞争并没有减少国内市场的重要性。

波特指出，本地客户的本质非常重要，特别是内行而挑剔的客户。假如本地客户对产品、服务的要求或挑剔程度在国际间数一数二，就会激发出该国企业的竞争优势。这个道理很简单，如果能满足最难缠的顾客，其他客户的要求就不在话下。例如，日本消费者在汽车消费上的挑剔是全球出名的，欧洲严格的环保要求也使许多欧洲公司的汽车环保和节能性能达到全球一流，而美国人大大咧咧的消费作风惯坏了汽车工业，致使美国汽车工业在石油危机的打击面前久久缓不过神来。

另一个重要方面是预期性需求。如果本地的顾客需求领先于其他国家，这也可以成为本地企业的一种优势，因为先进的产品需要前卫的需求来支持。德国高速公路没有限速，当地汽车工业就非常卖力地满足驾驶人对高速的狂热追求，而超过200公里乃至300公里的时速在其他国家毫无实际意义。有时国家政策会影响预期性需求，如汽车的环保和安全法规、节能法规、税费政策等。

3. 相关及支撑产业

对形成国家竞争优势而言，相关及支撑产业与优势产业是一种休戚与共的关系。波特的研究提醒人们注意“产业集群”这种现象，就是一个优势产业不是单独存在的，它一定是同国内相关强势产业一同崛起的。以德国印刷机产业为例，德国印刷机雄霸全球，离不开德国造纸业、油墨业、制版业和机械制造业的强势。美国、德国、日本汽车工业的竞争优势也离不开钢铁、机械、化工和零部件等产业的支持。有经济学家指出，发展中国家往往采用集中资源配置，优先发展某一产业的政策，孤军深入的结果就是牺牲了其他产业，钟爱的产业也无法一枝独秀。

本国供应商是产业创新和升级过程中不可缺少的一环，这也是它最大的优点所在，因为产业要形成竞争优势，就不能缺少世界一流的供应商，也不能缺少上下游产业的密切合作关系。另一方面，有竞争力的本国产业通常会带动相关产业的竞争力。

波特指出，即使下游产业不在国际上竞争，但只要上游供应商具有国际竞争优势，对整个产业的影响仍然是正面的。

4. 企业战略、结构和同业竞争

波特指出，推进企业走向国际化竞争的动力很重要。这种动力可能来自国际需求的拉力，也可能来自本地竞争者的压力或市场的推力。

创造与持续产业竞争优势的最大关联因素是国内市场强有力的竞争对手。波特认为，这一点与许多传统的观念矛盾，例如一般认为，国内竞争太激烈，资源会过度消耗，妨碍规模经济的建立，最佳的国内市场状态是有两到三家企业独大，用规模经济和外商抗衡，并促进内部运作的效率化；还有的观念认为，国际型产业并不需要国内市场的对手。波特指出，在其研究的十个国家中，强有力的国内竞争对手普遍存在于具有国际竞争力的产业中。在国际竞争中，成功的产业必然先经过国内市场的搏斗，迫使其进行改进和创新，海外市场则是竞争力的延伸，而在政府的保护和补贴下，放眼国内没有竞争对手的“超级明星企业”通常并不具有国际竞争能力。

5. 机会

机会是可遇而不可求的，机会可以影响四大要素发生变化。波特指出，对企业发展而言，形成机会的可能情况大致有七种：

基础科技的发明创造；传统技术出现断层；外因导致生产成本突然提高（如石油危机）；金融市场或汇率的重大变化；市场需求的剧增；政府的重大决策；战争。机会其实是双向的，它往往在新的竞争者获得优势的同时，使原有的竞争者优势丧失，只有能满足新需求的厂商才能有发展"机遇"。

6. 政府

波特指出，从事产业竞争的是企业，而非政府，竞争优势的创造最终必然要反映到企业上。即使拥有最优秀的公务员，也无从决定应该发展哪项产业，以及如何达到最适当的竞争优势。政府能做的只是提供企业所需要的资源，创造产业发展的环境。

政府只有扮演好自己的角色，才能成为扩大钻石体系的力量，政府可以创造新的机会和压力，政府直接投入的应该是企业无法行动的领域，也就是外部成本，如发展基础设施、开放资本渠道、培养信息整合能力等。

从政府对四大要素的影响看，政府对需求的影响主要是政府采购，但是政府采购必须有严格的标准，扮演挑剔型的顾客（在美国，汽车安全法规就是从政府采购开始的）；采购程序要有利于竞争和创新。在形成产业集群方面，政府并不能无中生有，但是可以强化它。政府在产业发展中最重要的角色莫过于保证国内市场处于活泼的竞争状态，制定竞争规范，避免托拉斯状态。波特认为，保护会延缓产业竞争优势的形成，使企业停留在缺乏竞争的状态。

钻石模型是判断一个产业在该地区是否具备竞争优势的重要方法论，在通过产业转移理论等得到项目可能发展的产业机会后，利用钻石模型进行产业筛选可获得项目最终的产业定位。

方法论在产业定位中的应用

根据以上的分析，城市生长理论、产业转移理论、产业链理论，以及钻石模型是产业定位的重要依据，其中城市生长理论是产业定位的前提。根据城市的分级判断城市未来生长方向与速度，对判断项目地块未来价值非常重要。

产业转移理论结合所处区域的产业现状与产业政策，能有效得出该区域的机会产业，即具备一定基础的产业或具备承接基础要素的产业。

产业链理论与钻石模型理论是产业筛选的重要理论。对机会产业，从产业链价值及竞争力方面进行全面的评判，筛选出有发展机会且与园区自身条件匹配度高的产业，最终得出项目的产业定位。

图 2-10 产业筛选方法

农业
高新
制造
手工业
教育
文化
科技
研发
旅游
贸易
重工
制造
金融
服务
产
业
定
位
筛
选
筛选产业类型
竞争优势对比
自身条件匹配
很有发展机会
有一定机会发展
发展机会很少
匹配度高产业
匹配度一般产业
匹配度低产业
初选产业定位
初选产业定位
修正初选产业
配套转型的产业延展

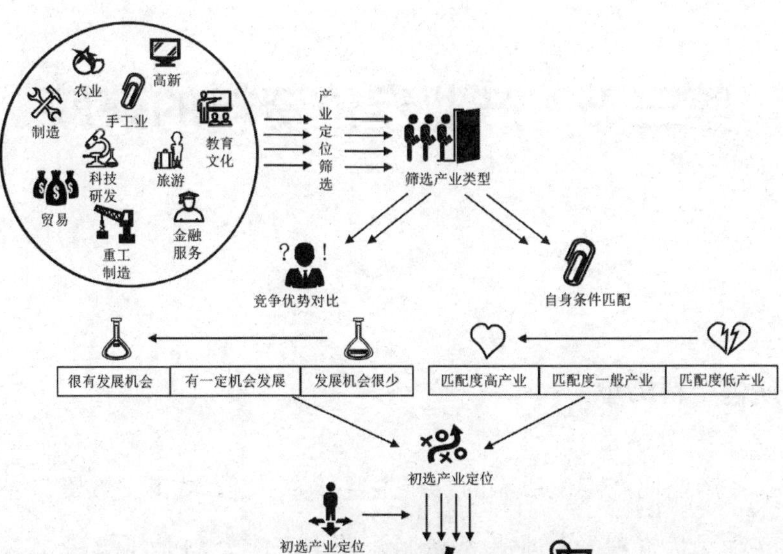

第三节　产业定位资料的获取

所需资料清单

产业地产定位所需的资料主要分为三类：城市发展资料、产业现状资料及产业趋势资料。获取三类资料是了解一个地区的基本产业现状与发展趋势的基础，同样也是产业定位的基础。

图 2-11　产业定位资料体系

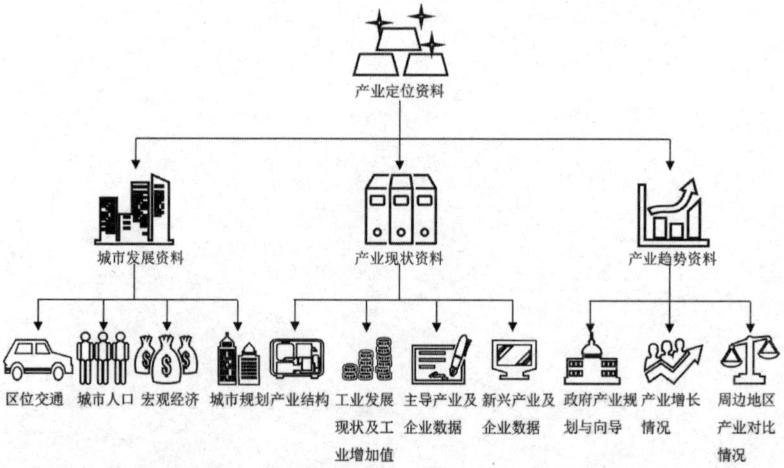

产业定位资料
城市发展资料
产业现状资料
产业趋势资料
区位交通
城市人口
宏观经济
城市规划
产业结构
工业发展现状及工业增加值
主导产业及企业数据
新兴产业及企业数据
政府产业规划与向导
产业增长情况
周边地区产业对比情况

1. 城市发展资料

从区位交通、城市人口、宏观经济、城市规划等全方位了解一个城市及其所处城市群，是判断城市或城市群发展趋势的重要资料，是判断项目地块价值的重要手段。

表 2-3 城市发展相关资料

类型	详细内容
区位交通	区位：所处城市、城市群或特定区域的基本情况 交通：现状交通网与规划交通，包括水路、公路、航空、铁路等
城市人口	总人口、城镇人口、城镇化率
宏观经济	所处城市或城市群的 GDP 及其变化趋势、固定资产投资、消费水平、企业数量与经济活力
城市规划	包括土地利用规划、空间规划、人口规划等

2. 产业现状相关资料

产业现状资料主要反映一个地区的产业结构、主导产业与新兴产业等，从近几年的发展状况来判断各产业的走向与趋势。除需要了解项目所处城市或园区的产业现状外，还需要对周边园区的产业现状，尤其是中心城市的产业现状有准确的了解与把握，并从各大产业的企业基数来判断目标企业数是否足够支撑项目。

表 2-4 产业现状相关资料

类型	详细内容
产业结构	按三次产业划分的产值与比值数据、各产业的产值与比值
工业发展现状与工业增加值	工业总产值、工业增加值及其增长率，在城市群中的地位，规模企业的数量及其完成的工业增加值
主导产业数据	近年来各主导产业产值及占比、龙头企业与产业集聚情况

（续表）

类型	详细内容
新兴产业数据	近年来各新兴产业产值及占比、龙头企业与产业集聚情况，新兴产业招商成果与反馈

3. 产业趋势相关资料

从政策及周边地区的要素对比情况，找出项目所处区域的比较优势，判断未来产业的发展趋势。

表 2-5 产业趋势相关资料

类型	详细内容
政策	各级政府对项目所处区域的产业规划与相关优惠政策
产业增长	各大产业产值增长情况、招商引资情况
周边地区产业对比情况	近年来各主导产业产值及占比、龙头企业与产业集聚情况

资料获取的方法与途径

以上所列的产业定位资料清单，主要通过网络搜集及实地调研两种方式获取。

1. 网络搜集获取

网络搜集主要是指从公开渠道进行产业地产定位资料的搜集。为保障资料的准确性，对于一些关键数据，必须从官方渠道获取。主要包括：

（1）政府官网：包括国土局、统计局、规划局、经信委、工业园区管委会等项目所处区域的政府官方网站，在这些网站上可能获取的资料包括：

表 2-6 政府官网获取资料内容

序号	详细内容
A	年度统计年鉴与统计公报
B	政府对产业、工业、中小企业等相关的专项分析报告，如工业运行分析
C	土地供给及成交数据
D	园区招商引资成果
E	政府工作报告
F	城市规划图文资料
G	区域五年规划资料
H	专项产业规划资料
I	……

（2）专业机构研究报告：最新的各产业分析报告、城市经济运行分析报告等，一般专业机构的研究报告需要收取一定费用。专业机构的研究报告属于加工过的二手资料，但其总结的一些内容与观点是通过一般途径很难搜集到的，具有较强的参考意义。

一般来说，仅通过网络的搜集很难获得完整详尽的产业资料，尤其是企业数据很难获取，因此，实地调研就显得非常有必要。

2. 实地调研获取

实地调研花费的人力、物力比较大，收集的几乎都是一手资料，并且产业分析的资料一般通过政府渠道获取。除了纸面的资料外，还能够与相关人员进行直接的交流，获取的资料更直观，同时还可能挖掘一些新的信息。

实地调研可从三个方面进行：

（1）与政府相关人员访谈：一般通过对国土局、统计局、规划局、经信委、工业园区管委会等相关人员进行访谈，作为网络调研的补充。同时，能够获取更直观的信息。

（2）企业调研：深入当地企业，尤其是龙头企业，了解其发展情况、发展规划、对园区环境的看法，以及其上下游企业的基本情况。

（3）专家访谈：访问一些当地高校在产业研究与区域研究领域的专家，了解其对该区域发展现状及面临问题的看法，以及对该区域产业发展趋势的分析。

第四节　产业定位实战案例

项目的背景

2013 年，一个位于四川成都天府新区约 3300 亩的产业新城项目委托中经研究做定位咨询。通过城市生长理论的研究发现，成都正处于单中心大都市区的发展阶段向多中心大都市圈发展阶段迈进。

图 2-12 成都城市体系规划

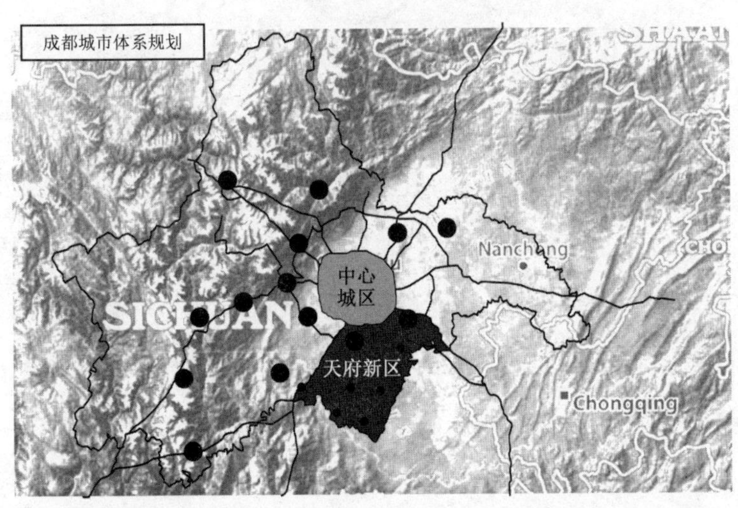

四川天府新区成立于 2010 年，随着天府新区的成立，四川省政府制定了一系列的规划，并出台多种优惠政策促进该地区的发展。2014 年 10 月 2 日，四川天府新区获批成为国家级新区。项目所在地恰好位于天府新区最南端，具备较强的工业基础。

图 2-13 项目所在地区位图

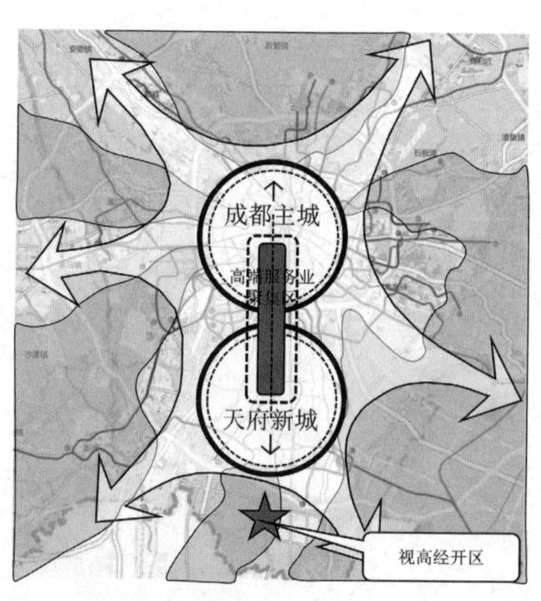

该项目全部为工业用地，以核电产业立项。在接触该项目之时，该项目一期已动工建设，包括为核电企业打造的单层钢结构厂房，此外还有一些多层厂房。但由于甲方对该项目的规划没经过前期市场调研的论证，对除核电产业外需要引入的产业十分模糊，更没有明确的规划。在中经研究与甲方多次交流后，明确工作任务，为该项目提出了科学合理的产业定位规划。

项目调研

针对项目的产业定位，项目调研分为网上调研和实地调研两个阶段。

1. 网上调研

目的：通过网上调研对项目所处区域的城市、经济、产业有一个大致的了解，并确定网上不可获取而分析必需的资料，形成清单。

表 2-7　网上调研获取资料

类型	获取的详细资料
城市发展资料	■ 天府新区城市规划资料 ■ 成都市城市规划资料 ■ 项目区域基础资料（区位交通、人口结构等）
产业现状资料	■ 2010—2014 年四川省、成都市统计公报 ■ 成都高新区、成都经开区、成眉工业集中发展区、德阳经开区、仁寿文林工业园、新津工业集中发展区等基础资料 ■ 项目区域工业发展区的基础资料
产业规划资料	■ 四川省“十二五”战略性新兴产业发展规划 ■ 成都市“十二五”战略性新兴产业发展规划 ■ 四川省高新技术产业整合与发展的实施意见 ■ 四川省工业“7+3”产业发展规划纲要 ■ 四川省战略性新兴产业“611 计划”工作方案 ■ 四川省加快工业园区发展指导意见 ■ 四川省人民政府关于承接产业转移的实施意见 ■ 四川省人民政府关于进一步支持中小企业加快发展的意见 ■ 四川省装备制造业整合与发展实施意见 (2006—2010 年) ■ 成都市工业发展空间布局 ■ 天府新区产业规划、政策 ■ 眉山市工业和信息化发展“十二五”规划 ■ 仁寿县国民经济和社会发展第十二个五年规划纲要

其中比较容易获取的是各级政府政策与规划方面的资料，而

项目区域及周边工业园区的产业现状与配套要素资料比较缺乏。

2. 实地调研

根据网上调研的资料，可以迅速了解到项目区域的产业现状及其所处四川省和天府新区的城市现状、产业规划等情况，对项目有更深入的了解。同时，制订调研计划，并按照计划进行实地调研，完善产业定位所需的资料。

调研目的：获取官方的权威资料，通过实地调研加深对项目所处区域的印象。

实地调研获取内容：进一步丰富实地调查获取资料，体现实地调查为主，网上收集为辅的原则。

表 2-8 实地调研获取资料

类型	获取的详细资料
城市发展资料	■ 仁寿县十年专题资料
产业现状资料	■ 项目区域入驻企业和洽谈企业的详细数据资料 ■ 项目区域招商人员对招商目标企业的相关见解 ■ 项目区域基础设施建设现状 ■ 周边园区实地调研获取的产业现状与基础配套情况
产业规划资料	■ 项目区域主导产业发展规划

项目产业定位分析

在项目产业定位所需资料收集完成后，接下来的工作就是进行项目产业定位的分析。运用产业定位的基础方法论，项目的产业定位分三步进行。

1. 机会产业

对项目所处区域现状产业、规划产业、潜力产业进行全方位分析，得到项目的机会产业。

图 2-14 项目机会产业

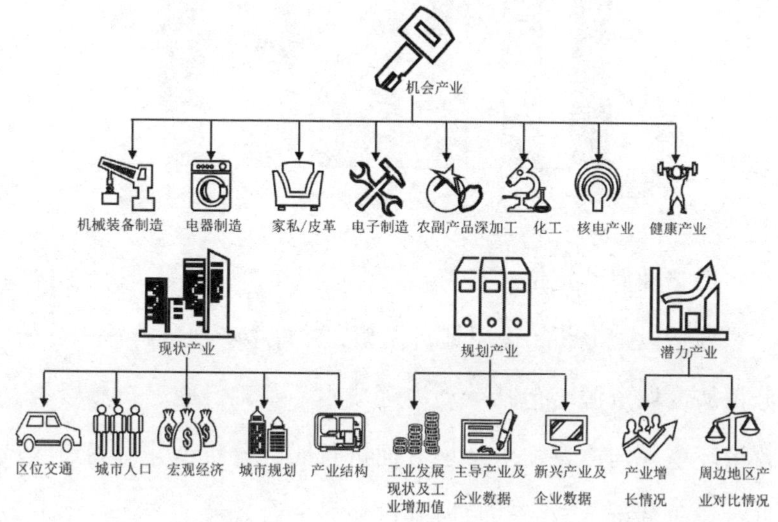

2. 产业链界定

根据产业梯度转移理论，目前本项目位于生产制造区，主要承接来自成都高新南区、双流区等转移的产业，其对应的产业链环节为制造 / 加工等生产环节。

图 2-15 项目区域的产业转移

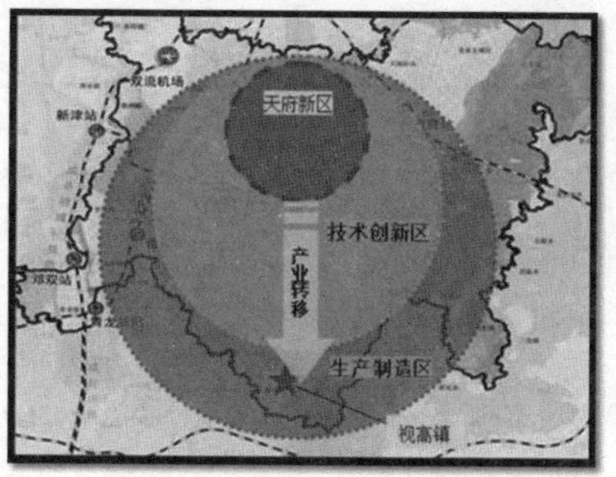

图 2-16 项目产业链环节

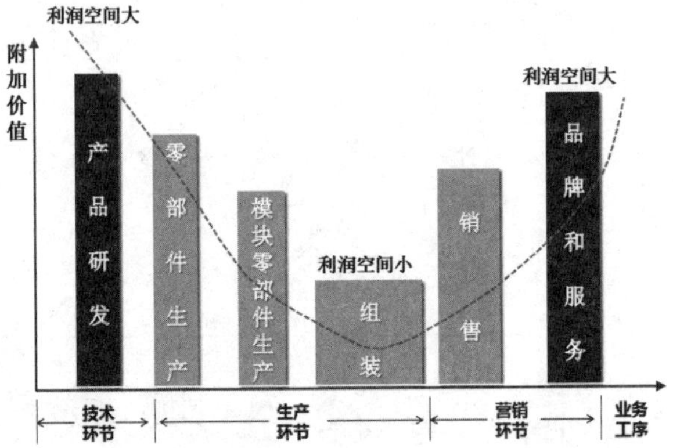

3. 产业筛选定位

通过以上分析，运用钻石模型，对每个产业进行深入分析。分析从区域资源（包括劳动力等成本、基础设施、自然资源、政策环境）与产业需求环境方面进行匹配分析，并对周边区域进行竞争分析，找到项目所处区域最适合发展的产业，形成最终的产业定位：高端装备制造、电子信息制造、健康产业和生产性服务业。

图 2-17 项目产业定位过程

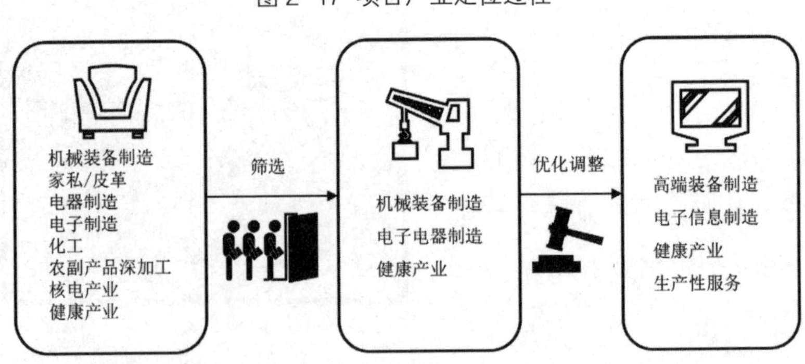

第三章

密钥二：行业定位解码

行业是产业的基因，没有行业就无法形成产业；产业的发展壮大必须要行业的支撑，两者相互促进，共同发展；但是，行业又不等同于基因，因为行业的优化组合、排列才能促进产业的发展。有些开发商没有正确认识产业与行业的关系，导致最后引入的行业杂乱无章，既不能促进产业的发展，又不能促进行业的发展，使整个园区处于一个尴尬的境地，发展举步维艰。

第一节　行业定位的含义

行业定位是基于产业定位下的行业细分。如果说产业定位是项目的航标，那么行业定位可谓是项目的路线。

行业的定义

行业通常是以采用同类生产资料为客户提供同类产品或服务为划分依据的经济活动类别，比如餐饮行业、金融行业、机械制造行业、电子信息行业和互联网行业等。弄清楚行业的类别有助于园区在进行招商的时候选择适合园区的企业，让入驻园区的企业有私人定制的感觉，对园区提供的产品和服务有一种“非你莫属”的渴望。

行业分类及作用

行业分类是指按照一定的标准和依据，对从事经济活动的单位或个体的组织结构体系进行详细划分，通常采用国民经济行业分类与代码（GB/T4754-2011）对行业进行划分。当一个单位或个体对外从事两种以上的经济活动时，将产生效益最大的经济活动作为行业归属的原则。

了解行业本身所处的发展阶段及其在国民经济中的地位，以及影响行业发展的各种要素，有利于判断行业投资价值及发展风向，明确园区对行业的选择。

行业发展规律

行业的发展遵循由低级的自然消耗型、劳动密集型，逐渐向知识密集型、技术密集型和资本密集型等转变的规律。行业发展从自然资源、人力资源的输出，逐渐向科技、人才、金融和资本等输出转变。

目前中国的工业已经进入高速发展阶段，工业行业的发展由资源型向科技、人才密集型升级转变，产业也在发生着巨大的升级、转移，组成产业价值链的行业也在加速转变，了解行业的发展规律能够为园区正确选择入驻企业的行业提供一定的参考作用。

第二节　行业筛选定位

行业与产业的关系

从本质上来说，行业与产业都是随着社会分工不断细化而诞生的，是社会生产力不断向前发展的结果。在社会发展进程中，随着技术的不断更新，新产品或服务及相关从业人员也随之出现。随着新产品或服务需求加强及相关从业人员规模不断扩大，新的行业将逐渐形成。当新行业发展到一定程度后，就会与其他相关行业融合发展，共同融入或形成新的产业。

从行业和产业的形成过程分析可知，行业着重于微观领域，产业重点关注宏观领域。行业划分是以生产力的技术特点为主要标准，产业划分更注重生产力布局特征，产业是大量行业相互融合形成的集合体。

行业是产业的基因，没有行业就无法形成产业；产业的发展壮大必须要行业的支撑，两者相互促进，共同发展；但是，行业又不等同于基因，因为行业的优化组合、排列才能促进产业的发展。有些开发商没有正确认识产业与行业的关系，导致最后引入的行业杂乱无章，既不能促进产业的发展，又不能促进行业的发展，使整个园区处于一个尴尬的境地，发展举步维艰。

因此行业的定位也显得尤为重要，虽然前面已经对产业进行了定位，但是并非产业包括的所有行业都是园区的引入目标，这需要结合园区的区域条件、行业聚集等多方面的客观和主观因素进行周密的筛选。

行业筛选定位方法

行业的筛选需要有大量的行业数据和区域数据作为支撑，通过定量分析与定性分析相结合的方式锁定目标行业。

首先必须弄清楚产业下面包含有哪些行业，弄清楚各行业的特点。根据国民经济行业分类与代码（GB/T4754-2011）可找出定位产业所涵盖的行业，然后对目标行业进行由宏观到微观的分析，宏观评估可以用行业的筛选评估表进行评估。

表 3-1 行业筛选评估表

序号	评估指标	得分小计	总分得分
行业风险评估			
1	该行业是否是政府禁止或不鼓励的行业？		
2	该行业发展趋势（第三方评估或其他公开信息）		
3	该行业近 3 年新发放贷款不良率		

（续表）

序号	评估指标	得分小计	总分得分
4	该行业在存量小企业客户的风险评级平均值变动率		
5	财务状况——当地该行业平均资产负债率		
6	财务状况——当地该行业平均毛利率（销售利润率）		
7	财务状况——当地该行业资本投资回报率（净利率/所有者权益）		
8	财务状况——当地该行业平均销售收入		
	市场机会评估		
9	当地该行业集中程度（是否有产业集群和各级工业园区）		
10	该行业小企业贷款余额占比		
11	当地该行业固定资产/总资产比例		
12	当地该行业（不限于小企业）产值与当地 GDP 总量比重		
13	当地该行业小企业行业销售收入增长率与当地 GDP 增长率之比		
	定性分析评估		
14	当地现阶段对该行业掌握的知识/经验		
15	当地政府是否对该行业予以特别的支持政策？		
16	与本区域内其他行业相比较，该行业是否存在行业进入壁垒？		
17	与本区域内其他行业相比较，该行业是否有明显的竞争优势？		
18	与本区域内其他行业相比较，该行业是否有明显的竞争劣势？		
19	该行业的上游行业情况如何？		
20	该行业的下游行业情况如何？		

资料来源：小企业行业筛选工具

除此之外，行业定位还要结合项目的实际情况进行甄选。

从评估表分析可知，表中包含着行业发展的绝大多数要素，比如融资情况、财务状况、政策导向、行业的集聚程度、行业固定资产投入、行业对区域 GDP 的贡献、发展趋势和行业所处价值链环节等大量信息。看似简单的 20 个问题却包含着行业选择的大量信息，因此需要通过政府调研与行业调研来获取大量的数据信息，并进行统计分析，完成上面的评估表。

通过评估可以很容易发现，并不是每个备选行业都是项目重点发展对象，因为园区未来的发展优劣直接影响到园区运营者、企业、政府和社会四方的利益，并且园区还担负着较大的社会责任、政治责任，是未来解决就业问题的主力之一，是未来 GDP 的主要增长极。不管是企业选择园区，还是政府、园区运营者选择企业，都应该相当谨慎，以往由老板拍脑袋作决定的方式已经逐渐被专业的评估分析作决定取代，也就是说未来园区行业的选择必须先进行科学的定位，以确保可持续发展。

那么从哪些方向去定位园区行业呢？其实评估表中囊括的信息已经比较齐全了，为了让大家有一个清晰的感性认识，本书从几个主要的方面再作一次阐述：

1. 行业发展政策分析

首先，筛选行业要符合国家的发展方针，不能反其道而行之。国家提倡节能环保，高能耗和破坏环境的行业没有发展前途，即便目前当地政府允许，但是终究是一个夕阳行业，会逐渐走向衰败。例如采煤行业，倒退几年甚至十年的确是一块大肥肉，大家都蜂拥而至，目前状况百出，煤老板的境况真可谓是一片鬼哭狼嚎，很多煤矿面临破产、亏损。

其次，进行行业筛选时，在符合国家政策方针的前提下必须符合地方政府的发展规划，能很好地融入区域经济当中，才有其落地生根发芽的土壤，否则即使行业选择得再好，也只能是空中花园，不能生根发芽。

产业地产本身就带有一种政府导向性，其实并非无道理，地方政府的决策决定着产业的落地，行业也必然遵循这一规则，否则很难发展壮大。所以行业的选择不仅要紧跟国家的方针政策，还要符合地方的发展规划，才能使其发展壮大。

2. 行业区域发展现状分析

按照对行业区域发展现状的认识，可将国内做产业园区的企业家分为三类：

第一类，企业家不太重视行业区域发展现状。他们觉得行业大的发展趋势很好就可以去做，或者说看见貌似相似的区域行业发展得好，就觉得自己完全可以复制，忽略了区域行业的发展现状，觉得只要园区修建得“高大上”，符合政策的大政方针，从其他地方引进行业就可以了，事实上这种做法是相当冒险的。

第二类，企业家重视行业区域发展现状分析，但是不知道如何去分析、利用。这类企业家会考虑行业在区域经济发展中的现状，并且也会用实际行动去调查了解，把产业下囊括的行业全都调查一遍，但是调查的内容却不够详尽。行业发展现状主要包括行业规模、产值、分布区域、是否形成集群效应和未来发展趋势等，这些资料的获取需通过多种渠道，主要来源于政府相关部门、在线网络资料，以及行业相关企业的访谈等，但是这类企业家往往忽略了对行业未来发展趋势的把握。

行业未来发展趋势的把握是十分重要的一个环节，产业地产与住宅地产开发有很大的区别。产业地产的开发具有时效性，也就是说产业地产必须要做到在对的时间修建对的房子。前面介绍过产业地产从某方面来说是政治地产，投资产业地产必须要对行业发展趋势、政府对行业的指导方向及竞争者的发展趋势等有一定的把握，否则将会出现修建过时或者超前产品。

例

某地方政府今年决定在某区块规划一个建材园区A园，然后投资商开始规划修建园区，园区围绕建材行业进行修建和招商引资，一切有序进行。投资商深情地投入到自己的园区建设和招商中，却忽略了对行业发展动态、区域竞争者的关心。两年过去了，一期开发完成，入驻率也很高，但是原始的建材行业已经在静悄悄地转型升级，政府也不满足于原来的定位，决定发展环保、节能行业，其他竞争者把握住新的机会打造出顺应行业发展的产品，由传统的建材行业向节能建材、环保材料的转型升级，大量的同行已经被竞争者抢走。那么A园区现在就处于一种被动的状态，所有的规划设计、产品设计等都停留在传统建材的水平，要完成转型，就必须重新定位、规划、设计产品，一方面造成时间成本和资金成本的扩大，导致市场流失，另一方面，要从竞争者的市场中抢回自己的目标客户是一个需要突破的难题。

行业发展现状分析不仅要立足于现阶段的情况，还必须有一定的前瞻性和预见性。根据行业目前发展的现状、国家的政策导向来预测行业未来的发展趋势，做到未雨绸缪；其次要紧跟政策但是不能迷信政策，现在社会是市场主导、政府指导，在政策方针的指导下要结合市场，紧跟市场的走向打造产品，以免陷入尴尬的境地。

第三类是我国较早进入产业地产领域的企业家，旗下的企业在产业地产行业已经做了相当长时间，开发了大量项目。这些企业通过长期的实践，实战经验非常丰富，已经对行业现状的评估研究得比较透彻，能够比较准确地把握、利用行业的发展现状，抓住机会、大胆实践。

只有落地运营才是项目成功的起点。落地条件的筛选主要从外部条件和内部条件两个方面进行讨论。

3. 行业落地条件筛选

所有的定位都是为了行业能够顺利地落地运营，因此必须对行业落地条件进行分析。

区位条件：位置、交通、社会、经济、科技、管理、政策、文化、教育、休闲配套等。

园区条件：生产/办公产品、园区配套、园区行业构成、园区服务、行业在产业链中所处环节等。

例

区域区位交通不完善，不适合发展仓储物流业；区域缺乏有色金属矿石等原材料，有色金属开采及加工等无法进行；区域无钢铁生产企业，钢铁节能装备就没有市场。

以上仅为一些常用的行业筛选标准，在实际中还需考虑项目本身具有的一些特性等，综合考虑才能作出科学合理的行业定位。

第四章

密钥三：企业定位解码

企业定位是基于产业定位和行业定位的前提，对符合二者的企业进行大数据或针对性调研后得出的结论，从大量企业中筛选出有厂房购买或租用需求的企业，并找出其中有共性的企业作为项目的定位企业。

第一节　企业定位的意义

企业定位为产品设计服务

产业定位为同产业的集聚提供了条件，行业定位为企业定位筛选出了行业方向，而企业定位则是为产品的设计提供依据。一切产品设计都应基于市场需求，与所有房地产的客户定位一样，产业地产的客户定位是指企业定位。

由于企业租用或购买物业产品是为生产服务的，因此产品的设计首先必须满足企业经营的需求，其次还得满足企业主及其员工的生活需求。据 168 地产网分析显示，企业选址的具体需求为：

1. 满足企业经营的需求

内部需求：即满足企业正常经营需要的条件，比如楼层、面积、层高、荷载、柱网、能源（水电气）、消防、通风采光、平面或立体物流交通、园区服务等。

外部需求：即园区政策、产业聚集（原料供应及下游市场）、物流交通、人力资源成本、社会职能配套设施（工商、税务、银行、会展、酒店、职工公寓）等。

2. 满足企业主的需求

企业主对园区的需求主要集中在两个方面：一个是面子，一个是里子。

所谓面子是指选择这里作为企业的经营场所对个人及企业的形象是不是能增光添彩，能不能赢得同行及上下游厂商的认同，助力企业发展。

所谓里子是指除能满足企业正常的生产办公生活等经营需求外，还能让企业主租得起、买得起。

3. 满足企业员工的需求

满足企业员工的需求是保证企业能够正常经营的前提条件，很多项目在招商过程中只关注了前面两个因素，而忽视了对员工需求的满足，这样就会出现老板想来但员工不愿意而最终放弃购买的情况。其实满足员工的需求很简单，就是满足员工在工作之余的吃饭、住宿、娱乐、购物、出行等需求，不但让员工愿意来，来了还留得住，这样企业经营就会稳定，企业主自然会在此扎根发展。

因此，企业定位首先必须摸清其需求，为产品定位提供基础。

企业定位是招商运营的基础

企业定位是基于产业定位和行业定位的前提下，对符合二者的企业进行大数据或针对性调研后得出的结论，从大量企业中筛选出有厂房购买或租用需求的企业，并找出其中有共性的企业作为项目的定位企业。

通过对调研情况的分析，可以找到企业的规模、产值、来源、行业等基本特征，以及企业可接受的价格、付款方式、交付时间等，这些都是未来招商的基础。此外，企业期望得到的服务与配套则是项目未来运营的基础。

因此，企业的定位是产业地产定位的关键。对一个项目来说，企业定位科学与否甚至可以直接决定一个项目的成败。

第二节　企业定位资料的获取

所需资料清单

企业的定位需要从市场研究分析得出，而市场又分为两个层面，首先是需求市场，其次是竞争市场。

1. 需求市场

需求市场是指项目所在区域的企业资料，所需资料主要分为两种，一种是宏观资料，了解项目所在片区企业的整体情况；一种是微观资料，需要了解具体企业的情况与需求。

表 4-1　企业定位需求市场资料收集

分类	具体资料
宏观资料	■ 产业定位和行业定位下的中小型企业数量 ■ 中小型企业集聚的区域及生存现状 ■ 作为外来产业转移的承接地，熟悉产业移出地的中小企业情况
微观资料	■ 企业基础特征：所属行业、年产值、员工数量、企业性质等 ■ 企业对物业的需求：生产空间与办公空间规模及配比、层高、荷载、物流要求、能源配置要求等 ■ 企业来源：同区范围、同市范围、市外产业移出地等 ■ 企业接受度：持有物业方式、租购意愿、接受价格、付款方式等

2. 竞争市场

竞争市场是指项目所处区域同类的产业地产项目，这些项目往往会分流部分目标企业。与房地产项目一样，对竞争市场分析的目的是分析产品适用的企业，可能会分流哪部分企业、会分流多少等。最终通过分析寻求到市场的缝隙，作为企业定位的基础。对竞争市场的调研也分为宏观与微观两个部分，具体如表 4-2 所示：

表 4-2 企业定位竞争市场资料收集

分类	具体资料
宏观资料	■ 近年项目所处区域的产业地产规划量 ■ 近年项目所处区域的产业地产存量 ■ 近年项目所处区域的产业地产去化量 ■ 竞争项目的产业定位和行业定位方向 ■ 竞争项目各项规划指标 ■ 竞争项目产品卖点 ■ 竞争项目招商客户情况 ■ ……
微观资料	■ 竞争对手在区域市场的经营动向 ■ 竞争对手的经销网络和营销策略 ■ 对项目种类、品种及其数量进行分析 ■ 对项目的功能、工艺和采用地材料进行分析 ■ 对这个项目的寿命周期、季节性、地域性等这些特点进行分析 ■ ……

需求市场资料获取方法与途径

由于产业地产是为企业服务的，其目标客户就是企业。因此，需求市场的资料指的实际就是企业资料。企业资料可以通过以下三种方式来获取：

图 4-1 企业资料获取途径

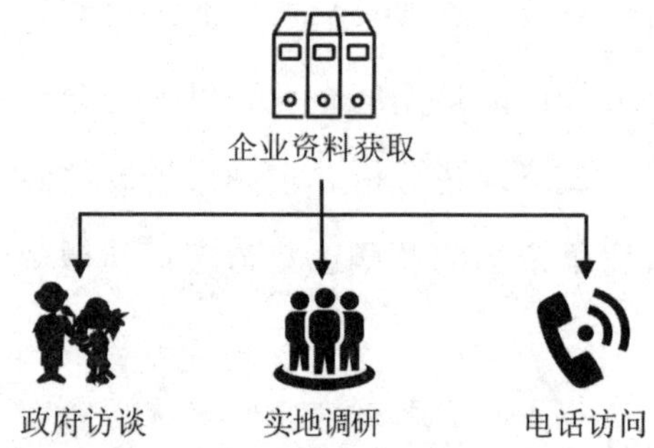

1. 政府访谈

获取资料：企业宏观层面的数据资料；

访谈对象：园区招商局或市中小企业局的相关负责人；

访谈方式：深入访谈，根据访谈目的提前做好访谈问题设计。

政府访谈是企业调研的起点，根据政府访谈可以摸清项目所在区域中小企业的分布与现状，政府规划的产业转移或搬迁区域，承接外来产业的移出区域，这些都将成为接下来企业实地调研的重点区域。同时，政府访谈之后可以通过政府引荐实地考察部分企业，也减少了不少调研阻力。

2. 实地调研

获取数据：企业购买 / 租用新物业的意愿度及企业特征与需求等微观数据；

调研对象：项目所在区域或转移地的中小企业；

调研方式：调查问卷、实地察看。

调查问卷是调查者在遵循一定的假设条件前提下，按照事先设定的调查目的和要求，向被调查者收集资料的一种调查工具。它通常由一系列封闭型和开放型问题、备选答案及解释说明等组成。

调查问卷作为市场调研的必要手段之一，其结果能反映出企业现状和需求情况，通过分析能获取一些项目所需的数据信息，为项目的前期开发、定位决策、运营实践等提供科学的依据。因此，设计出科学合理的调查问卷对项目具有非常重要的作用。

（1）问卷设计

在对调查问卷进行设计时，首先需要明确调查问卷设计的目的，即为什么要进行问卷调查、希望通过调查问卷获取哪些信息等。只有明确了问卷设计的目的，才能设计出符合实际需要的问卷。

一份完整的调查问卷通常包括调查说明、调查内容和结束语三部分。

图 4-2 调查问卷设计

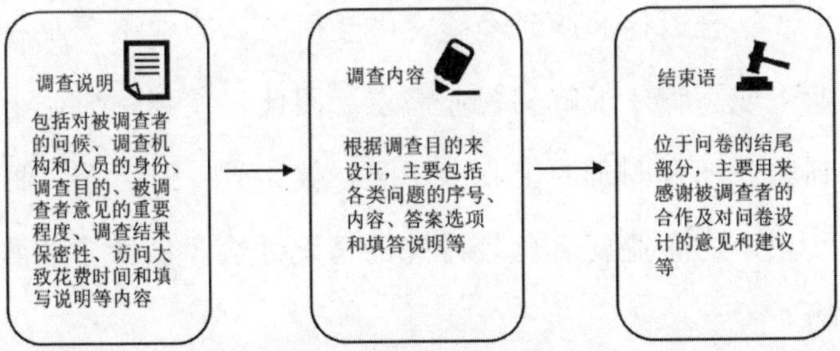

调查说明
包括对被调查者的问候、调查机构和人员的身份、调查目的、被调查者意见的重要程度、调查结果保密性、访问大致花费时间和填写说明等内容

调查内容
根据调查目的来设计，主要包括各类问题的序号、内容、答案选项和填答说明等

结束语
位于问卷的结尾部分，主要用来感谢被调查者的合作及对问卷设计的意见和建议等

（2）企业问卷调研难点

难点一：调研问题的平衡

调研问卷中，调研内容的设计十分关键，调研内容不宜过多，否则容易让被调查者产生厌烦心理，但又不能太少，要确保通过调研能尽量获取到想要了解的企业微观数据。因此，调研内容的设计是在这两者之间寻求一种平衡。在对问题进行设计时需要注意如下几点：

第一点：问题的设计需要与被调查者联系起来，根据对象的不同设计出个性化的问卷，符合被调查者和项目本身的需求；

第二点：问题要具体化、规范化、数量适当，先易后难、同类集中、符合逻辑，易于被调查者做出回答；

问题中应避免一些专用或生僻的词汇、过多的假设条件、偏向性引导和多重含义等，降低被调查者拒答、乱答或无法真实反映想法的可能性。

难点二：寻找到有需求的企业主

实地调研的另一难点在于寻找到有意愿购买或租用厂房的企业主。结合以往的调研经验，中经研究认为中小企业一般只有企业主或高管才了解其置业需求。因此，找到一个企业后，要找到愿意配合调研的企业主才能有效完成一份问卷；而大部分正常生产的企业要有比较特殊的情况才会重新考虑购买/租用新物业。

（3）调查技巧

试调：在调查问卷初步设计出来以后，需要先选择一部分调查对象进行试验，根据试验结果对调查问卷的不足进行及时调整、修改和完善后再用于实地调查中。

引荐信：在政府访谈时由当地政府相关部门出具，表明此次调研的目的，降低企业的抗性。

计划：在调查之前必须有严密的工作计划，降低调研期间发生突发事件的概率。在调研前对调研人员进行系统培训，确保其知晓调研的要点及基本调研话术。

3. 中小企业电话访问

获取数据：企业特征与需求等微观数据；

调研对象：有购买 / 租用新物业需求的企业；

调研方式：电话问卷调研。

实地调研是最直接也最能反映事实的方式，但实地调研往往需要花费大量的人力与物力成本，其调研的样本量也比较有限，一般在 100~200 份之间。若这 100~200 份样本中有 80% 以上都是无购买 / 重新租用意愿的，也从侧面反映了市场的需求度，同时也意味着能够获取的企业对产品需求方面的数据比较少。由于有意愿购买 / 租用新物业的企业的需求才是产品设计的基础，在得不到足够样本量的情况下，电话调研成为一种有效补充。

电话调研的有效性基于企业有真实的需求，因此电话访问的对象非常重要。中经研究的电话访谈对象一般基于企业需求数据库，该数据库包括全重庆市 80% 以上的工业物业的来访或来电客户的登记及重庆工业厂房网上登记的有需求客户信息。

图 4-3 重庆工业厂房网内容示意

竞争市场资料获取方法与途径

竞争市场资料的获取主要通过政府访谈和实地调研两种方式来获取。产业地产竞争市场的调研与传统房地产的调研方式类似，因此，其资料获取的方法与途径只做简要介绍。

1. 政府访谈

获取资料：产业地产市场宏观层面的数据资料；

访谈对象：政府规划部门；

访谈方式：深入访谈，根据访谈目的提前做好访谈问题设计。

2. 竞争项目实地调研

获取数据：产业地产项目的详细资料，从规划到实际建设进度及招商方面的具体数据；

调研对象：项目所在区域产业地产项目；

调研方式：实地调研。

竞争市场资料的获取与传统房地产的获取方式相同，即实地拜访，不同之处仅在于调研表的设计不同，在下文实践案例中会有阐述，在此不赘。

第三节　企业定位实践案例

项目背景介绍

永川区位于重庆市西侧，是重庆市城市发展新区的重要交通枢纽城市。2010—2014，永川区的年生产总值同比增长率保持年均 15.0% 的高水平，经济总体运行情况呈现稳中有进的良好态势。从产业结构来看，永川区属于典型的工业主导型城市，第二产业占比逐年提升，2014 年占比 58.8%，而第三产业占比逐年降低，2014 年仅为 32%。

项目位于永川凤凰湖工业园区，是城市主要的工业集中区。该园区规划重点发展制造业、创新研发和各类生产性服务业，而现有的主导产业是电子信息、机械制造、新材料，拥有非常好的制造业基础。近几年政府大力引进机器人及数控机床企业等新兴制造企业，并取得了不错的发展成绩，但在生产性服务业方面还未起步。因此，项目具备了很好的产业基础。

另一方面，凤凰湖工业园区是永川新城规划的一部分，随着城市的扩张，距该项目 3~5km 的地区正逐步开发商业与住宅地产。项目开发商以企业自用的名义拿地，地块属于工业用地。项目开发商一直在从事商业地产开发和工业地产开发之间犹豫。

经过前期市场调研与分析，项目目前及近几年内不具备开发写字楼等商业物业的市场，且开发写字楼面临很大的政策风险。从政策风险、市场需求、价值最大化三方面综合考虑，开发商最终选择走工业标准厂房的道路。

经过前期的分析，可将项目定位四大产业：电子信息、机械装备、汽车整车及零部件和生产性服务业。进一步则是需要调研企业的需求，为产品设计及招商运营提供依据。

项目调研执行

1. 调研准备

（1）制订调研计划

调研计划主要包括调研时间、调研内容和人员安排。根据本项目的实际情况，项目实地调研分两个调研小组，每个调研小组 3~5 人，调研共需 5 天。

表 4-3 项目调研计划

调研时间	调研内容	人员安排
第 1 天	项目启动会	调研一组、调研二组
	政府相关人员访问	调研一组
	竞争项目调研	调研二组
第 2 天	电话访问 50 组	调研一组
	×× 片区企业实地调研 30 组	调研二组
第 3 天	电话访问 50 组	调研一组
	×× 片区企业实地调研 30 组	调研二组
第 4 天	电话访问 50 组	调研一组
	×× 片区企业实地调研 30 组	调研二组
第 5 天	电话访问 50 组	调研一组
	×× 片区企业实地调研 30 组	调研二组

（2）企业调查问卷准备

调研问卷的内容是市场分析的基础，根据此次调研目的，调查问卷设计如下：（见表 4-4）

（3）政府访谈问题准备

政府访谈也非常关键，首先需要确定相应获取的资料，并列为一个个问题。然后对问题进行分类匹配可在哪个部门得到准确的答案。（见表 4-5）

表 4-4 项目调查问卷

重庆市中小企业置业发展需求调查问卷

企业代表：

您好！本司拟在永川打造 ×× 项目，为更好地建设符合您需求的厂房，特进行此次调研。希望能得到贵司的协助，谢谢！

1. 贵公司名称：________________________________

2. 贵公司所属行业：

□电子制造 □机械装备 □电子信息 □金属加工器械 □金属材料加工

□造纸及纸制品 □生产性服务业 □汽摩配件 □其他(请注明：__________)

3. 贵公司的职工人数是：

□10~20 人 □20~40 人 □40~60 人 □60~80 人 □80~100 人 □100 人以上

4. 贵公司现有厂房性质：

□自有 □租赁 □厂房面积________m^2 办公面积________m^2

5. 贵公司年产值为：

□500 万以下 □500~1000 万 □1000~2000 万 □2000~3000 万

□3000~4000 万 □4000~5000 万 □5000 万以上

6. 贵公司对厂房的要求

楼层	层高	货载	电力配置	交通物流	“三废”排放	其他

7. 贵公司购买/租赁厂房主要考虑的区域？

□凤凰湖 □港桥 □三教 □永川区皆可 □其他(请注明：__________)

8. 贵公司考虑购买/租赁厂房的面积？

□1000m^2 以下 □1000~1500m^2 □1500~2000m^2 □2000~2500m^2 □2500~3000m^2

□3000~3500m^2 □3500~4000m^2 □4000~4500m^2 □4500~5000m^2 □5000m^2 以上

9. 目前贵公司在经营过程中，认为制约企业进一步发展的因素有哪些？（可多选）

□厂房面积小 □人才招聘难 □企业融资难 □技术 □政策支持力度小

□物流成本高 □员工住宿 □离上下游企业距离远 □周边配套不成熟

□其他（请注明：____________________）

表 4-5 政府访谈问题

政府访谈问题设计

一、永川工业园区管委会访谈问题

1. 园区的机械装备、电子信息、金属冶炼及压延等企业数量，分布情况。

2. 2013 年园区企业总数量，其中中小企业数量？中小企业主要分布行业？分布区域？

3. 最近几年园区新进企业主要从哪些地方转移过来？他们看重的是哪些因素？

4. 园区的招商优惠政策有哪些？对入驻的企业还给予哪些方面的帮扶政策？

5. 园区内标准厂房总建面？入驻/招商情况？主要有哪些工业地产项目？提供建设情况表。

二、永川区经信委园区办访谈问题

1. 永川区未来将重点发展哪些产业？是否有相关文件？

2. 永川开发建设标准厂房人防费、配套费是如何减免的？交易税费如何征收？

3. 目前适用于标准厂房的主要有哪些政策？

三、永川区中小企业局访谈问题

1. 永川区中小企业数量、产值，提供企业名单。

2. 永川区、凤凰工业园区内工业企业数量、产值，提供企业名单。

3. 针对中小企业的政策有哪些？

四、永川区规划局

1. 永川区近几年规划的标准厂房项目规模？

2. 永川区近几年已建成的标准厂房项目规模？

（4）竞争项目调研表

竞争项目调研表主要包括项目基本情况、经济技术指标、物业类型与租售状况、配套情况、入驻企业情况、优惠政策等方面，其中经济技术指标、物业类型与销售状况是影响企业定位的重要因素。

表 4-6 竞争项目调研表

<table>
<tr><td colspan="6">项目基本情况</td></tr>
<tr><td>园区名称</td><td></td><td>开发商</td><td colspan="3"></td></tr>
<tr><td>联系电话</td><td></td><td>园区地址</td><td colspan="3"></td></tr>
<tr><td colspan="6">经济技术指标</td></tr>
<tr><td>总占地面积</td><td></td><td>总建筑面积（m^2）</td><td colspan="3"></td></tr>
<tr><td>容积率</td><td></td><td>#标准厂房面积(m^2)</td><td colspan="3"></td></tr>
<tr><td>绿化率</td><td></td><td>#办公物业面积(m^2)</td><td colspan="3"></td></tr>
<tr><td>停车位(个)</td><td></td><td>#配套面积（m^2）</td><td colspan="3"></td></tr>
<tr><td>运营模式</td><td colspan="5">出租□　销售□　租售皆可□　先租后售□　其他______</td></tr>
<tr><td colspan="6">物业类型与租售状况</td></tr>
<tr><td>产品线</td><td>总建面（m^2）</td><td>单户面积范围（m^2）</td><td>总户数</td><td>租售价格</td><td>去化率</td></tr>
<tr><td></td><td></td><td></td><td></td><td></td><td></td></tr>
<tr><td></td><td></td><td></td><td></td><td></td><td></td></tr>
<tr><td></td><td></td><td></td><td></td><td></td><td></td></tr>
<tr><td></td><td></td><td></td><td></td><td></td><td></td></tr>
<tr><td colspan="6">配套情况</td></tr>
<tr><td>企业服务配套</td><td colspan="5"></td></tr>
<tr><td>生活服务配套</td><td colspan="5"></td></tr>
<tr><td colspan="6">入驻企业情况</td></tr>
<tr><td>企业主要分布行业</td><td colspan="5"></td></tr>
<tr><td>主要入驻企业名称</td><td colspan="5"></td></tr>
<tr><td colspan="6">园区优惠政策</td></tr>
<tr><td colspan="6"></td></tr>
<tr><td colspan="6">总结</td></tr>
<tr><td>优点</td><td colspan="5"></td></tr>
<tr><td>缺点</td><td colspan="5"></td></tr>
</table>

2. 调研过程与结果

根据调研计划的部署和安排，调研过程一般分为五步，这五步环环相扣，执行过程的好坏可以直接影响调研结果，因此必须保质保量完成。

第一步：向开发企业汇报调研计划，并寻求其协助联络政府相关人员的访谈。

第二步：政府相关人员的访谈。从该访谈中可以了解项目所处区域企业的宏观数据与分布等资料，为之后的调研作铺垫。

第三步：竞争项目调研。从前期及政府部门了解到的资料，所在片区仅有两个标准厂房项目，实际调研时间半天。

图 4-4 调研项目实景图

第四步：企业实地调研。对项目周边及产业转移地等中小企业集中的区域进行实地问卷调研，以了解中小企业的生存现状、购买 / 租赁意愿等情况。该调研实际获取的有效问卷量 102 份。

第五步：电话调研。利用中经研究数据库，调研小组对有意愿在项目周边区域购买/租用厂房的企业进行访问，以了解其需求，实际获取的有效问卷量165份。

表 4-7 项目部分统计问卷

企业名称	所属行业	职工人数（人）	年产值（万元）	现有厂房性质	租购/自建意愿	租购/自建厂房考虑区域	租购/自建厂房面积（m²）	对厂房要求
重庆××橡塑有限公司	汽摩配件	10~20	500~1000	租赁	租赁	凤凰湖	2000~2500	楼层1F、层高8m、电力配置300kw
××电子制造有限公司	电子制造	40~60	500~1000	租赁	租赁	凤凰湖	1500~2000	最好1F，360kw，要有“三废”排放处理设备
重庆××科技有限公司	机器人配套	10~20	未投产	租赁	自建	凤凰湖	1000以下	1F、6m
××电子科技（重庆）有限公司	电子制造	100以上	500~1000	租赁	自建	凤凰湖	5000以上	可上楼，层高要求一般
××电子科技有限公司	电子制造	20~40	500~1000	租赁	自建	凤凰湖	2000~2500	一二楼
××电子科技有限公司	电子制造	60~80	未投产	租赁	自建	凤凰湖	2500~3000	30~50kw，自有物流
××电子元件有限公司	电子制造	100以上	1000~2000	租赁	自建	凤凰湖	4000~4500	楼层均可，层高5m
××模具有限公司	金属加工机械	10~20	500以下	租赁	租赁	凤凰湖	1000以下	楼层均可，层高3m，电力配置40kw
重庆永川区××机械机械厂	金属材料加工	10~20	500以下	自有	租赁	凤凰湖	1000~1500	楼层1F、层高8m
重庆永川区××机械加工工厂	金属加工机械	10~20	500以下	自有	租赁	大安	1000以下	楼层1F，层高9m，自有物流
××玻璃加工厂	玻璃加工	10~20	500以下	自有	租赁	大安	1000~1500	楼层均可，一层8m，货载一般
××门业	玻璃加工	10~21	500以下	自有	自建	大安	2500~3000	楼层1F，层高8m
重庆金豆动物营养食品有限公司	动物食品加工	40~60	500~1000	自有	租赁	永川区皆可	3500~4000	楼层1F，层高3m，电力配置800kw
××科技	电子制造	80~100	2000~3000	租赁	自建	凤凰湖	5000以上	楼层均可，货载及电子配置要求一般
重庆××电子制造有限公司	金属加工机械	80~100	4000~5000	租赁	租赁	凤凰湖	2000~2500	楼层均可，层高5~6m，楼上组装，自备物流
永川区××机械加工厂	金属加工机械	10~20	500以下	租赁	租赁	永川区皆可	1000~1500	楼层1F，层高6m
重庆永川区××机械厂	金属加工机械	10~20	500以下	租赁	自建/购买	凤凰湖	1000~1500	楼层1F，层高8m，电力配置30~50kw
永川××机械厂	机械装备	10~20	500以下	租赁	自建	凤凰湖	5000以上	楼层1F，层高8m，电力配置250kw
××家具厂	家具制造	10~20	500以下	租赁	租赁	永川区皆可	2500~3000	楼层1F，层高5m，电力配置380v
××家私	家具制造	20~40	500以下	租赁	租赁	永川区皆可	4500~5000	楼层1F，动力电配置，物流要求高
××木材厂	木材加工	20~40	1000~2000	自有	自建	永川区皆可	5000以上	楼层1F，层高8m，电力配置80kw，自有物流
××沙发厂	家具制造	20~40	500以下	租赁	租赁	永川区皆可	4000~4500	楼层均可，层高7M，普通荷载，动力电
××家具厂	家具制造	10~20	500以下	租赁	租赁	永川区皆可	3500~4000	楼层1F，层高5m，货载普通，电力配置动力电

项目企业定位分析

企业的定位分析是基于市场调研的数据统计分析所反映的市场情况。因此，要进行企业定位分析，第一步就是进行调研数据的统计分析。

1. 企业数据统计分析

通过对调研数据进行统计分析后，可反映出企业的一些基本信息。

（1）潜在需求

75.50% 的调查企业都是租赁厂房，是项目的潜在需求者。其中，有意愿更换厂房的企业中 19.80% 的企业考虑购买厂房，61.20% 考虑租赁厂房。

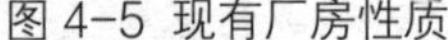

图 4-5 现有厂房性质

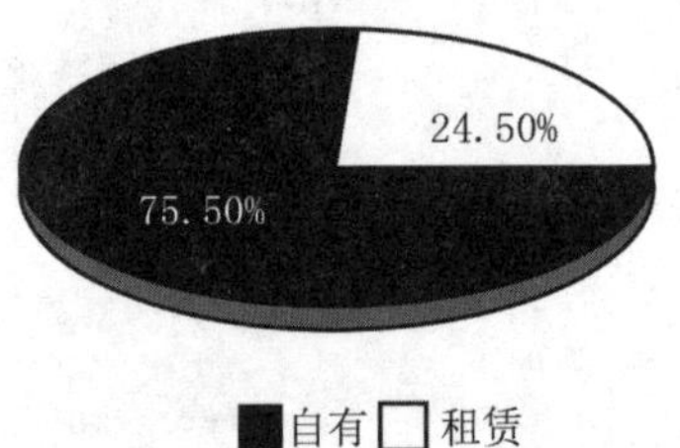

图 4-6 期望厂房置业形式

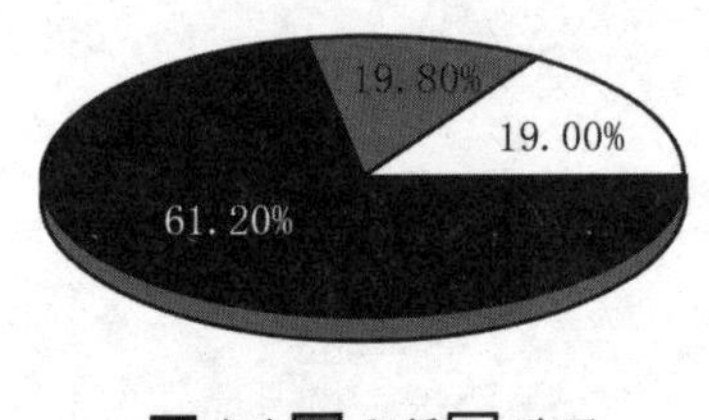

（2）行业分布

意向企业行业分布主要集中在金属加工制造、计算机制造和汽车制造三大类，分别占比 33.3%、41.2% 和 14.7%。

图 4-7 意向企业行业分布

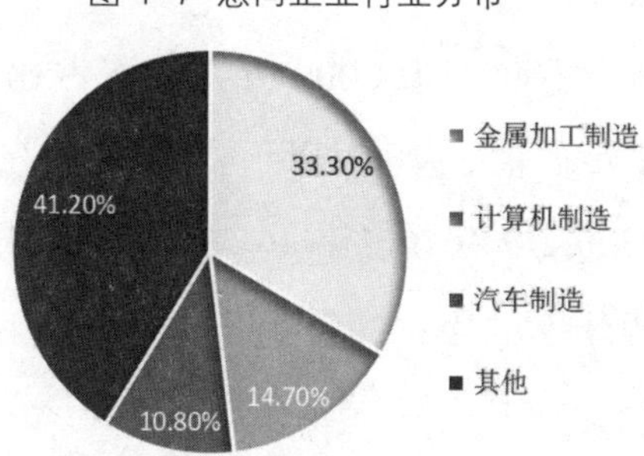

（3）职工人数

所有意向企业职工人数以 40 人以下为主；金属加工制造类企业也以 40 人以下为主；计算机制造类企业是劳动密集型，职工人数在 40~100 人之间；汽车制造类企业人员分布比较平均。

图 4-8　各行业职工人数分布

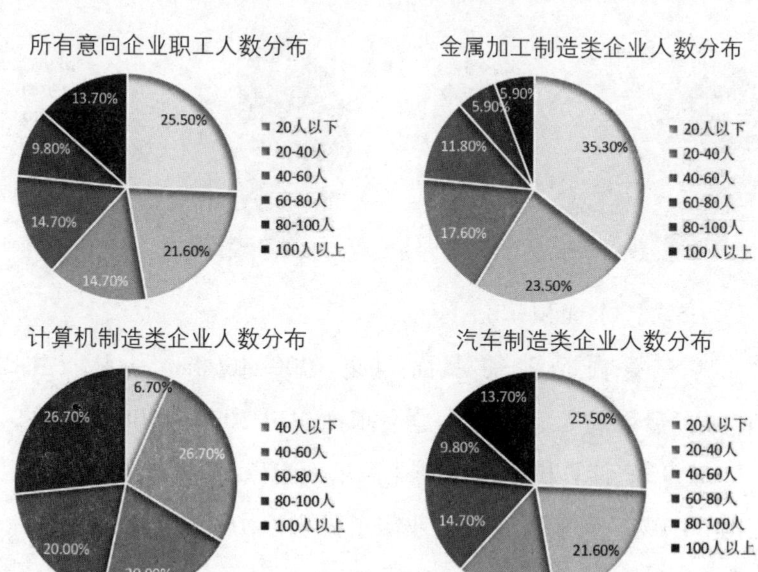

（4）企业年产值

所有意向企业年产值 3000 万元以下占比 72.5%；金属加工制造类企业年产值 3000 万以下占比 79.5%；计算机制造类企业年产值 2000~3000 万占比 46.7%；汽车制造类企业年产值 500~2000 万占比 45.5%。

图 4-9　各行业年产值分布

所有意向企业年产值分布

25.50%
19.60%
13.70%
13.70%
8.80%
5.90%
12.70%
500万以下
500-1000万
1000-2000万
2000-3000万
3000-4000万
4000-5000万
5000万以上

金属加工制造类企业年产值分布

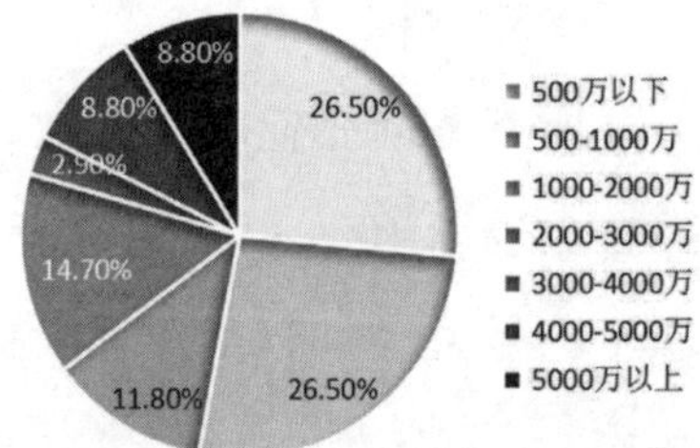

计算机制造类企业年产值分布

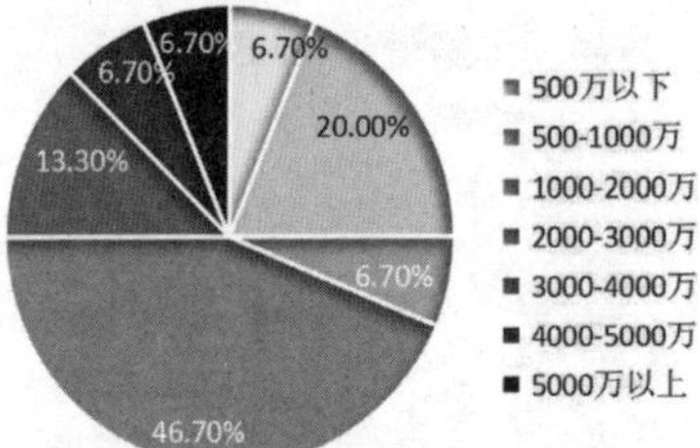

汽车制造类企业年产值分布

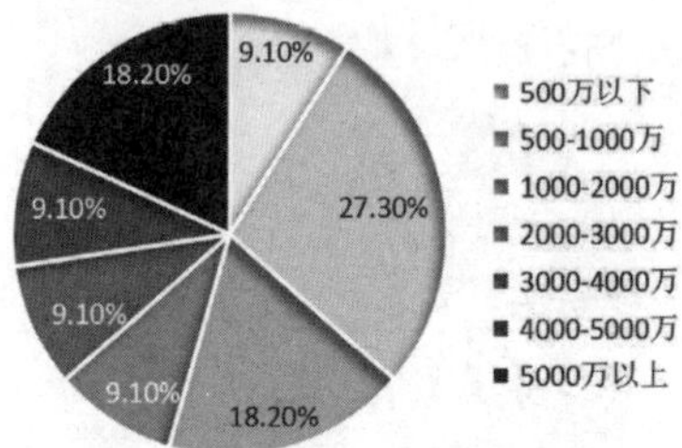

（5）需求面积

所有意向企业需求面积以 1000~4000m^2 为主，占比 55.9%；金属加工制造类企业需求面积以 1000~4000m^2 为主，占比 52.9%；计算机制造类企业需求面积以 1000~4000m^2 为主，占比 66.7%；汽车制造类企业需求面积以 1000~3000m^2 为主，占比 54.5%。

图 4-10 各行业企业需求面积分布

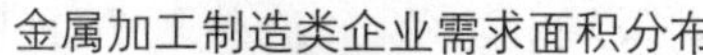

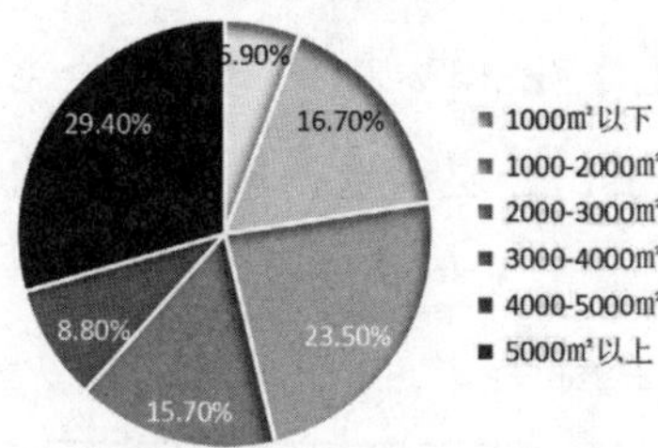

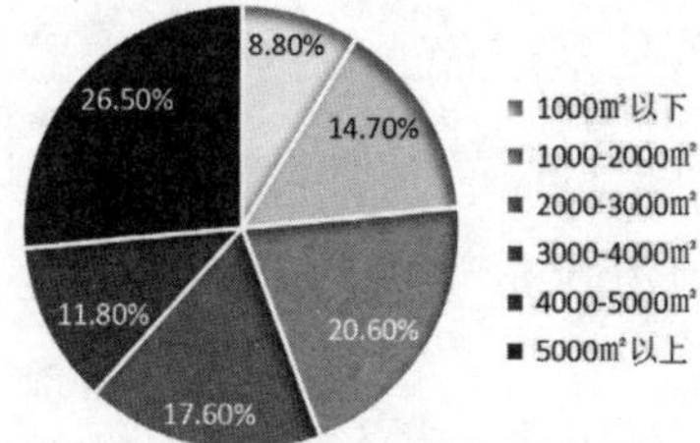

计算机制造类企业需求面积分布

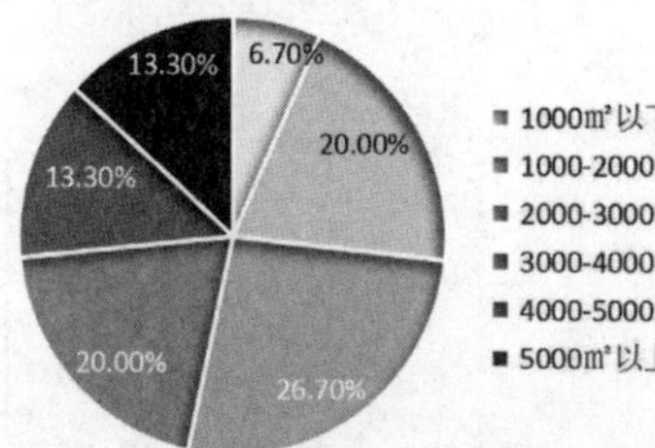

汽车制造类企业需求面积分布

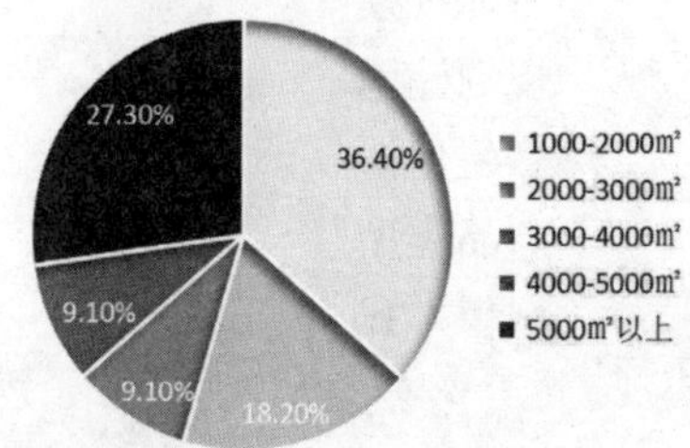

（6）空间结构偏好

表 4-8 企业空间结构要求

企业类型	空间结构要求
金属加工制造类企业	■ 82% 的企业要求在一楼，层高 6~12m；少数可上楼，二楼及以上层高 4.5m； ■ 对电力配置要求较高，大部分企业要求 50~200KW。
计算机制造类企业	■ 80% 的企业可上楼，层高 4.5m；少数企业要求一楼，一楼层高 6m； ■ 对电力配置 30~360KW 可满足大部分企业需求； ■ 少数企业对货载有要求，一般在 600~800kg。
汽车制造类企业	■ 54% 的企业要求在一楼，层高 8m；46% 的企业可上楼，层高 4.5m； ■ 对电力配置 20~200Kw 可满足大部分企业需求； ■ 少数企业对货载有要求，一般在 600~800KG。

2. 竞争项目分析

竞争项目共两个，总规划面积不足 10 万 m^2，已建成建面不足 4 万 m^2，均为出租，总体去化率在 30% 左右。这两个竞争项目产品类似，均为 3 层工业楼宇，分层租赁，单层面积均为 $3000m^2$ 左右，属于同质化竞争。

表 4-9 竞争项目主要指标

主要指标	项目一	项目二
占地规模	150 亩	101 亩
规划建面	5 万 m^2	3.8 万 m^2
已建建面	2 万 m^2	1.8 万 m^2
产品类型	3 层工业楼宇	3 层工业楼宇
租售方式	出租	出租
去化率	30%	33%
单户面积	$3000m^2$	$3000m^2$

在产品品质方面，这两个项目外立面的工业感较强，品质感较低。从企业入驻情况来看，底层入驻企业多，上楼企业少。

图 4-11 项目一实景图

3. 目标企业定位

根据前述的分析，有需求的中小企业主要集中在金属加工制造、计算机制造和汽车制造三类，竞争项目的目标企业与本项目存在一定的重叠，但其体量小，产品本身存在一定问题，所以导致入驻率低。本项目目标企业仍以区域需求市场的数据作为主要依据。

（1）目标企业行业定位

根据国民经济行业分类与代码（GB/T4754-2011），三大行业对应的企业如表 4-10 所示：

表 4-10 目标企业行业定位

行业类型	企业类型
金属加工制造类	金属切削机床制造
	金属成形机床制造
	铸造机械制造
	金属切割及焊接设备制造
	机床附件制造
	其他金属加工制造
计算机制造类	计算机整机制造
	计算机零部件制造
	计算机外围设备制造
	其他计算机制造
汽车制造类	汽车整车制造
	改装汽车制造
	低速载货汽车制造
	电车制造
	汽车车身、挂车制造
	汽车零部件及配件制造

（2）目标企业基础特征定位

表 4-11 目标企业特征定位

企业类型	年产值（万元 / 年）	职工人数（人）
金属加工制造类企业	500~3000	10~60
计算机制造类企业	2000~4000	40~100
汽车制造类企业	500~2000	10~80

（3）目标企业来源定位

■ 东部沿海向永川转移的企业为主；

■ 永川工业园区内，目前生产条件不能满足企业发展的企业为辅；

■ 重庆主城及周边向永川移出的企业为辅；

■ 永川及周边具有前瞻性眼光的投资者补充。

（4）目标企业需求定位

表 4-12 目标企业需求定位

企业类型	主力户型面积	结构需求
金属加工制造类企业	1000~5000m^2	独栋型，2~3 层生产型厂房，底层层高 8m，考虑局部设计 12m；二层及以上 4.5m
计算机制造类企业	1000~4000m^2	分层与独栋皆可，层高 4.5m，单独设置办公空间
汽车制造类企业	1000~3000m^2	分层型，50% 不上楼，1~2 层，底层层高 6m；50% 可上楼，层高 4.5m

第五章

密钥四：产品定位解码

产品定位是项目规划设计的基础，直接关系到项目的施工建设与招商，因此也是定位的核心关键。产业地产的产品定位与传统房地产产品定位有诸多差别，目前在国内对产业地产的产品还未形成一套完整的体系。

第一节 产品设计依据解析

以客户需求为设计依据

产业地产给企业提供的最重要设施是办公与生产空间。与居住空间相比，办公与生产空间的要求有所不同。居住空间是围绕一个家庭的衣食住行来组织，而办公与生产空间是围绕一个企业来建立。企业中不仅有数量众多的员工，还有生产的设备。企业的大小及性质决定其员工数量、设备重量与体积等，而这些体现到产业地产产品中，直接决定的是厂房的面积、跨距与柱距、层高、办公空间与生产空间的配比、货载等。其设计要点主要有以下几方面。

1. 生产与办公面积及其配比

厂房面积与企业规模有直接关系，一般来说企业规模越大其厂房面积越大。厂房面积是设计首要考虑的问题。另外，产品设计还需要考虑生产与办公空间的配比。大部分厂房在设计时并未人为地隔离生产与办公空间，而是由入驻企业自行隔离，这对于开发商来说省去了很多麻烦，企业的适用性更广。还有部分厂房在设计时就将生产与办公空间分离了，这样使得入驻企业有独立的办公空间，有利于企业形象的塑造，其目标客户主要为高端人才聚集的企业。生产与办公空间的配比需要仔细斟酌，必须经过大量实地企业调研之后才能进行定位。

图 5-1 生产与办公一体化的标准厂房

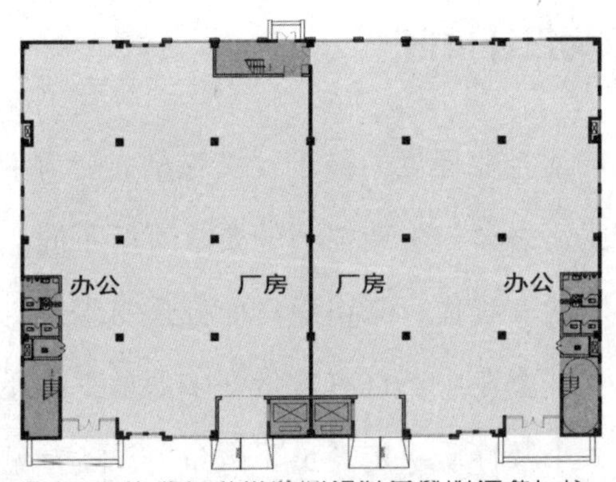

图 5-2 生产与办公空间相对分离的标准厂房

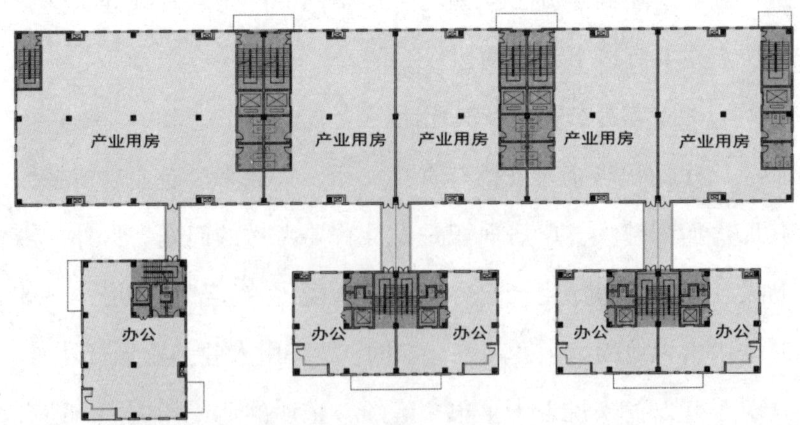

厂房设计重要的一点是要考虑企业设备和生产线安放的空间，这需要充分考虑跨距、柱距及层高。很多企业厂房内一般按水平方向布置生产线，这种厂房结构简单，可以采用大跨度、大进深。《厂房建筑模数协调标准（GB/T50006-2010）》规定：标准厂房的跨距一般采用扩大模数15m数列，并宜采用6.0m、7.5m、9.0m、10.5m和12.0m；柱距一般采用扩大模数6m数列，且宜采用6.0m、6.6m和7.2m，以便于建筑设计标准化、构件生产工厂化、施工机械化和管理科学化。

单层厂房层高较高，一般在9m、12m，有时甚至可达15m，主要适用于有大型和重型机械设备的企业，这类厂房同时需要预留牛腿以便安装行车。多层厂房层高一般在4.2~6m，能满足大部分企业的需求。有些标准厂房项目为扩大目标企业，有的底层层高设计为7.9m（有些地方政府规定厂房层高高于8m，将按照二层计算容积率）。

图5-3 不同厂房的柱距、跨距设置

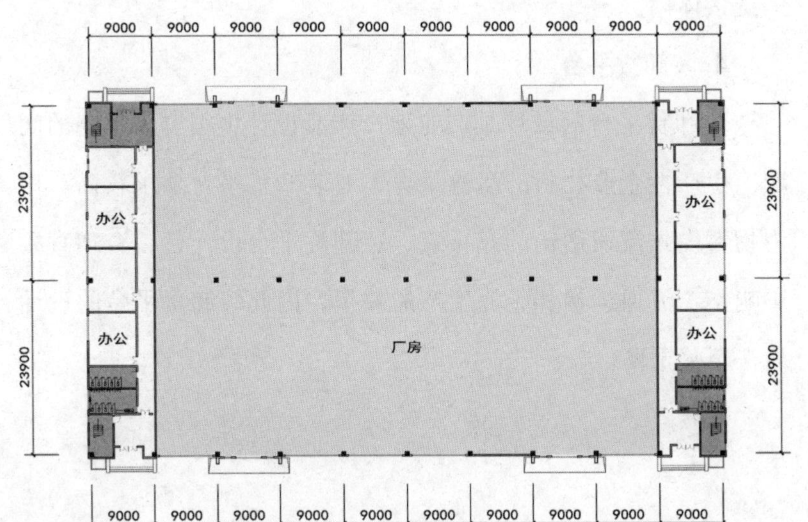

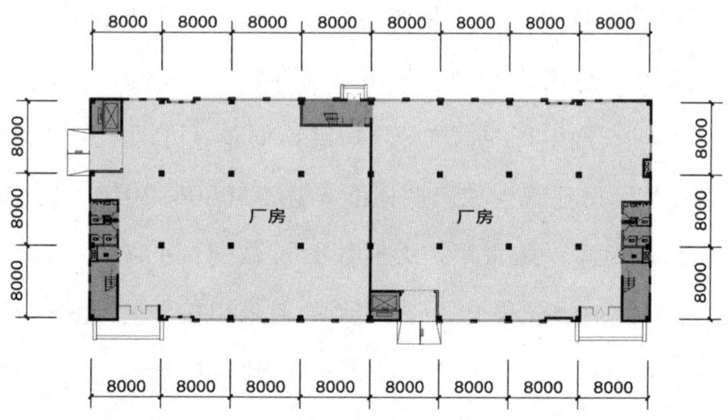

3. 货梯与楼面荷载

由于立体交通主要靠货梯来连接，货梯与楼面的荷载能否满足企业设备及物料的要求成为限制企业进入的重要条件。但荷载越高，厂房造价也就越高。因此，在产品设计时除了尽量满足目标客户的需要外，也需考虑成本因素。

此外，为方便平面物流与垂直物流的连接，货梯宜靠外墙布置。有时为简化结构，也可将交通运输枢纽设在与厂房毗邻的连接体内。

4. 装卸货平台

装卸货平台的设计是产业地产产品设计中很容易忽略的问题。生产性企业物料的运输量大，对装卸货平台要求较高。作为物料内外流通运输的起止点，装卸货平台设计是否合理直接影响整个流通运输和企业生产的效率，因此装卸货平台的设计显得至关重要。

图 5-4 装卸货平台

以政策要求为设计依据

产业地产产品设计与商业地产、住宅地产的很大不同在于政府对建筑设计的要求。由于标准厂房项目是中小企业的集聚载体，具有集约性、集聚性的特征，一般受到各地政府的政策鼓励。但各地政府为约束标准厂房建设的商业化倾向，促进土地的集约化利用，对标准厂房的建设与规划设立了一些标准。

1. 规模要求

部分地区对标准厂房的占地面积与总建筑面积做出要求，一般要求一次规划、分期实施，以期形成连片区域，打造产业集群。

表 5-1 不同区域的产业地产产品规模要求

区域	规模要求		
	占地面积（亩）	总建面（m^2）	单体建面（m^2）
重庆市		≥ 50000	
云南省昆明市	≥ 30	≥ 20000	>1000
湖南省长沙市			>5000
湖南省衡阳市		≥ 10000	>2000
浙江省富阳市	≥ 50	≥ 20000	
浙江省平阳县	≥ 30	≥ 40000	>1000
广西壮族自治区		≥ 10000	>3000
江苏省	≥ 100		

2. 规划设计要求

全国各地的标准厂房政策都对规划设计有一定要求，且这些规划设计要求与商业地产的要求完全不同，如大部分要求建筑密度大于 30%，而商业地产往往是要求小于某一数值。此外，对配套的占地也有较严格的限制，其目的在于提高工业用地的集约利用率，同时防止标准厂房的商业化。

表 5-2 不同地区的产业地产产品规划设计要求

区域	规划设计要求				
	容积率	建筑密度	绿化率	配套占地	配套建面
重庆市	1.5–2.0	≥ 40%		≤ 7%	
云南省昆明市	≥ 0.8	≥ 30%	≤ 20%	≤ 7%	
湖南省长沙市	2.0–7.0	≥ 35%	≤ 15%	≤ 10%	——

（续表）

区域	规划设计要求				
	容积率	建筑密度	绿化率	配套占地	配套建面
湖南省衡阳市	≥ 1.5	≥ 35%		≤ 10%	
浙江省杭州市富阳区	≥ 1.3	40% 左右	≤ 15%	≤ 7%	≤ 15%
浙江省平阳县	≥ 2.0	40%–55%	≤ 20%	≤ 7%	≤ 25%
广西壮族自治区	≥ 0.8	≥ 28%			
江苏省	≥ 1.6	≥ 35%			

除对规模和规划设计有一定要求外，部分地区还提出其他要求，如对标准厂房的层数，重庆市要求 2 层及以上，浙江省杭州市富阳区要求 3 层及以上；江苏省要求 4 层及以上；长沙市要求新建标准厂房总投资原则上应在 5000 万元以上；长沙市还要求标准厂房内给排水、供电、供气、排污等设施建设要能够按入驻企业需求单独计费，并提供相应票据。

由于产业地产政策要求的独特性，在建筑设计时必须予以重视。很多刚进入产业地产领域的开发商沿用商业地产的思维来进行产品设计，甚至很多建筑规划设计院由于不熟悉标准厂房的规划设计也会忽略这些问题，造成很多项目在报批时出现诸多问题。有的项目以自建厂房的名义报建，造成后期厂房分户办证的问题得不到解决，严重影响了项目招商。

第二节 产业地产产品线

在熟悉了产业地产产品的设计要点之后，需要根据企业的定位对产业地产产品进行设计。中经研究通过多年的潜心研究，将企业使用的工业物业进行了分析整理。按照生产功能逐渐减弱、办公功能逐渐增强的趋势，将产业地产的产品分为六大系列，分别为 1.0~6.0 版。

这些版本的产品只是一个基础参照，根据项目的实际情况还可以在这些产品的基础上进行演化升级，在产品建筑风格上进行创新设计。以下是这六大版本产品的详细定义与阐述。

产业地产产品 1.0 版

产业地产产品 1.0 版即单层钢构厂房，是最简单的厂房形式，是以单层钢结构或预制结构为主，主要用来满足生产功能需要的标准厂房。

1. 产品特点

■ 一般为钢结构的单层厂房，层高 9~15m；

■ 地面货载 1T/m^2 以上；

■ 对物流要求高，对物流交通的依赖性强；

■ 对能耗要求高，在 60~100W/m^2 之间；

■ 可装行车，需预留牛腿；

■ 主力户型面积在 2000~8000m^2 之间。

2. 产品评价

产品 1.0 版一般选址在远离城市中心的外围，且制造业发达的区域，产品 1.0 版需求旺盛，销售状况良好。但此类产品经济效益一般，一般通过出租进行长期运营，追求长期回报。即使将本产品全部售出，由于产品 1.0 版受容积率限制，产品的经济效益相对较低。

3. 典型案例：成都浩旺产业园

目前，在国内以单层钢构厂房为主体的标准厂房项目不多，浩旺产业园是其中发展最好的一个。浩旺产业园从 2000 年发展至今，已在成都地区建立 12 个产业园区，其标准厂房均以单层钢构厂房为主。目前园区共占地面积 3500 余亩，建设标准化厂房 220 万 m^2，致力打造西部中小企业的腾飞基地。

表 5-3 成都浩旺产业园区部分项目一览表

园区名称	区域	建设时间	占地面积（亩）	定位产业
浩旺产业园康河园区	青羊园区	2000 年	380	机械电子、家具
浩旺产业园华严园区	青羊园区	2000 年	200	机械电子、家具
浩旺产业园蔡桥园区	青羊园区	2000 年	90	机械电子、家具
浩旺产业园共耕园区	温江海峡工业区	2005 年	280	机械电子、家具
浩旺产业园大田园区	温江海峡工业区	2006 年	500	机械电子、家具
浩旺机电园	都江堰开发区	2009 年	500	机械、电子等高新科技
恒运科技产业园	金堂成阿工业园	2011 年	350	机电和有色金属、新材料、高科技、食品医疗、节能环保
浩旺节能环保产业园	金堂成阿工业园	2011 年	150	环保节能、机械电子
浩旺机电新材料产业园	金堂成阿工业园	2011 年	728	机械加工、新材料、电子
浩旺食品孵化园	资阳成资经济区	2012 年签约	500	食品、饮料

资料来源：浩旺集团官网及公开资料整理

浩旺产业园被认定为四川省和成都市“中小微型企业创业基地”，浩旺集团已成为四川省内产业园投资、开发、建设、运营的标杆企业，已为数百家中小工矿企业提供了多个发展壮大的平台。“浩旺模式”也成为产业地产的标准模式之一。

图 5-5 都江堰浩旺机电产业园

图 5-6 青羊康河产业园

图 5-7 浩旺节能环保产业园

图 5-8 机电新材料产业园

产业地产产品 2.0 版

产业地产产品 2.0 版是指办公与生产一体化的多层标准厂房，以生产为主，办公为辅，将生产与办公融为一体。在第一代标准化厂房的基础上，引入了生态工业思想，增加了对生产环境的要求，将生产与管理功能进行了合理分区。

1. 产品特点

■ 一般为钢混框架结构为主的多层标准化厂房，层数多为两层或两层半；

■ 层高底层 6~8m，二层以上 4.2~4.5m；

■ 地面货载底层 1T/m^2 以上，二层以上 600~800kg/m^2；

■ 对物流要求较高；能耗在 60~80W/m^2；

■ 办公比例在 10%~20% 之间，办公环境一般；

■ 仅有货梯，成本相对较低；

■ 主力户型面积 2000~5000m^2 之间，一般分单元销售。

2. 产品评价

产业地产产品 2.0 版主要选址在主城外围组团，制造业比较发达的地区，其产品分单元销售，有独门独院的享受，但是容积率仍然较低，在 1.0 版水平，经济效益也相对偏低。但从市场反应来看，产业地产产品 2.0 版的需求量较旺盛，销售状况良好，回款快，效益有所提升。

3. 典型案例：重庆盈田·工谷系列

重庆盈田·工谷是由重庆盈田置业发展有限公司打造的标准厂房项目，盈田置业打造的产品以2~3层框架结构厂房为主，即产业地产产品2.0版。目前，盈田置业项目开发体量已建成约400万 m^2，在建300多万 m^2，是重庆的产业地产龙头企业。

表5-4 重庆盈田标准厂房项目一览表

项目名称	占地面积（亩）	建筑面积（万 m^2）	产业定位	所在区域
同兴工谷（2006年）	318	25	仪器仪表、机械加工、电子电器、生物制药、包装和建材装饰	北碚区
蔡家工谷（2007年）	500	50	机械制造、电子电器、仪器仪表、汽摩零配件	北碚区
光电工谷（2008年）	615	60	LED和以光电为主的笔记本电脑配套基地	北碚区
两江工谷（2009年）	700	60	电子信息、仪器仪表、生物制药、光伏产业、软件研发及创意产业	两江新区
盈田·创意空间（2010年）	200	30	创意产业、电子信息、软件开发	北部新区
合川工谷（2012年）	1500	120	机械加工、汽摩配件、电子电器、仪器仪表	合川区
毕节工谷	1500	250	机械装备制造、生态食品、药品生产、能源化工	贵州毕节经开区
贵阳工谷（2013年）	——	100	机械加工、汽摩配件、电子电器	贵安新区

资料来源：重庆盈田置业发展有限公司官网及公开资料整理

盈田·工谷系列产品有以下特点：

■ 两层半的设计，底下两层是生产空间，在第三层隔离小半部分将办公空间独立出来，办公环境有所改善；

■ 一栋两户设计，使厂房面积可自由拼接，企业面积更加灵活，满足更多企业的需求；

■ U形厂房设计，使每个厂房具有独门独院，布局更加合理。

图 5-9 盈田·工谷系列产品

产业地产产品 3.0 版

产业地产产品 3.0 版是指办公与生产相对分离的标准厂房，兼具生产和办公功能，但物理空间上相对分离。是生产为主向办公为主的跨界作品。

1. 产品特点

■ 以钢混框架结构为主的标准厂房，多为 3~4 层；

■ 生产区层高底层 6~7m、二层以上 4.2~4.5m；货载底层 $1T/m^2$ 以上、二层以上 $400{\sim}600kg/m^2$；

■ 办公区层高 3.9~4.2m，货载 $200{\sim}250kg/m^2$；

■ 有货梯与客梯，分开设置，实现人货分流；

■ 物流量适中，能耗一般不大，在 $55{\sim}65W/m^2$ 之间；

■ 对办公有一定要求，园区环境较好；

■ 主力户型面积在 $3000{\sim}5000m^2$ 之间，按竖向分单元销售。

2. 产品评价

产业地产产品 3.0 版较 1.0、2.0 版办公功能有所强化，不适合于纯制造企业，使得其更依赖于高科技型的企业，对园区的环境要求也更高，为高科技含量企业的聚集区。距离主城的距离更近，对于交通、区域经济等的要求也相对较高一些。产业地产产品 3.0 版容积率一般适中，可以塑造较高的品质，其销售价格也可以适当提升，因此具有较好的经济效益。

3. 典型案例：天海星系列

产业地产产品 3.0 版的典型代表是重庆天海星实业有限公司打造的系列项目。重庆天海星实业有限公司是一家高端产业地产集团化运营管理公司，目前，天海星已建成和在建项目包括：重庆天海星茶园工业社区、重庆天海星两江数码工坊、西安天海星沣东数码工坊；规划项目包括西安沣西创星产业公园、武汉硅谷公园等。

表 5-5 天海星工业社区项目一览表

	天海星茶园工业社区	天海星两江数码工坊	天海星沣东数码工坊
区域	重庆茶园工业园	重庆水土高新园	陕西西咸新区
建设时间	2010 年	2014 年	2014 年
占地面积（亩）	98	170	64
总建面（万 m^2）	16.4	22.37	13
容积率	2.44	1.84	2.89
绿地率	18.08%	30%	30%
停车位	252	260	400
社区配套	食堂、园区商业	食堂、园区商业	食堂、园区商业
单户面积（m^2）	2800~5000	3000~5000	2500~6000
定位产业	高端装备制造业、消费类移动通讯电子产品、仓储物流和生物制造、医疗器械	电子信息、仪器仪表、光伏产业、生物制药、软件研发及创意产业	高端装备制造业、精密机械加工、电子电器、新一代信息技术、现代服务业、生物制药、医疗器械

资料来源：重庆天海星实业有限公司官网及公开资料整理

天海星茶园工业社区是天海星的代表之作，目前已售罄投产。在产品设计上，此种标准厂房办公空间更大，工作环境更好，适宜科技含量高、附加值高的企业。

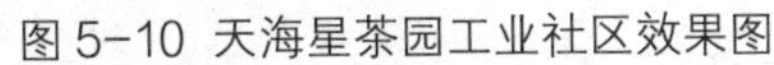
图 5-10 天海星茶园工业社区效果图

图 5-11 天海星茶园工业社区实景图

产业地产产品4.0版

产业地产产品4.0版是指既可用于生产又可用于办公的都市工业楼宇，一般为多层，可分层销售，又被称为中小企业“加速器”。

1. 产品特点

■ 全框架结构为主的工业楼宇，一般6~10层；

■ 层高底层6~7.9m，二层以上3.9~4.5m；

■ 货载底层1T/m^2，二层以上400~600kg/m^2；

■ 有货梯与客梯，分开设置，实现人货分流；

■ 物流量偏小，能耗偏小，在55~60W/m^2之间；

■ 主力户型面积在800~1500m^2之间，一般分层销售。

2. 产品评价

产业地产产品4.0版为多层工业楼宇，容积率高，经济效益较好。在使用上既可分层也可多层拼接，同时满足生产和办公需要，适用面较广，目标企业多为轻加工型企业和生产服务性企业。产业地产产品4.0版由于具备较高的经济效益，受到众多开发商青睐。

3. 典型案例：重庆曙光都市工业园

重庆曙光都市工业园建设集团有限公司于2006年9月由重庆市人民政府正式命名，2007年3月在市中小企业局、江北区经委及港城工业园管理委员会组织下成立曙光都市工业园管理委员会。

2006年以来，曙光已成功开发建设了A区北岸国际、B区港岸国际、C区海岸国际、D区海港企业国际城五大园区、E区两江国际四个园区，。目前，F区曙光·汽车零部件加工产业园和G区曙光·江南新型产业园正在建设中。曙光都市工业园七个园区全部开发建设完成后，将集约利用土地近700亩，建成近140万m^2的中小企业产业园。

表5-6 曙光都市工业园各区项目一览表

曙光都市工业园	所在区域	建设时间	占地面积(亩)	建筑面积(m^2)	容积率	物业形态
A区·北岸国际	港城工业园A区	2007年	16.6	32780	2.96	共5栋厂房
B区·港岸国际	港城工业园D区	2008年	15.42	32000	3.11	共2栋厂房
C区·海岸国际	港城工业园D区	2009年	55.03	150000	4.09	7栋标准厂房、2栋孵化楼、1栋倒班楼
D区·海港企业国际城	港城工业园D区	暂未建	41	150000	5.49	6栋24层高楼
E区·两江国际	港城工业园D区	2010年	80	240000	4.50	10栋标准厂房、2栋孵化楼、2栋倒班楼
F区·汽车零部件加工产业园	鱼复工业园	2013年	110	120000	1.64	8栋标准厂房、4栋孵化大楼
G区·江南新型产业园	界石数码产业园	2013年	365	650000	2.67	40多栋标准厂房、10栋倒班楼
总计			683.05	1374780		

资料来源：重庆曙光都市工业园建设集团有限公司官网及公开资料整理

曙光都市工业园以多层标准厂房为主，即产业地产产品4.0版为代表，其标准厂房容积率基本保持在2.5以上，土地利用高度集约化且入驻情况良好，这些都与其优良的规划设计和完善的企业服务分不开。

图5-12 曙光都市工业园效果图

产业地产产品5.0版

产业地产产品5.0版是指工业用地上建设的科研办公楼宇。

1. 产品特点

■ 以框架结构为主，层数上无限制，一般为小高层、高层为主；

■ 层高 3.6~4.5m，楼面货载 200~250kg/m²；

■ 基本无生产性物流，能耗小，用电在 55~65W/m² 之间；

■ 单层面积在 800~1500m² 之间，最小分割面积大于 150m²，一般分层或分栋销售。

2. 产品评价

产业地产产品 5.0 版主要以小高层、高层为主，容积率在所有版本产品中居于首位。但由于产业地产产品 5.0 版的主要目标企业为生产性服务企业，其适用的区域也仅限于生产性服务业比较发达的一、二线城市，三、四线城市缺乏足够的目标企业支撑其发展。

由于产业地产产品 5.0 版仅有科研与办公功能，而没有生产功能，很容易与一般的写字楼混淆。但科研办公楼宇与城市中心的写字楼有很大不同。

首先，用地性质决定了他们的地段差异大。在城市设计中，工业用地往往是在主城的外围，而商业用地大多是在城市主城的中心区域。城市外围工业园区往往由于公共交通缺少而造成出行不便，同时生活娱乐配套也相对缺乏，但在办公环境和价格方面具有较大优势；主城中心区域拥有众多的公共资源，生活娱乐都很方便，但办公环境较差，价格也相对较贵。

其次，政策限制不同。由于在工业用地上修建科研办公楼，用地成本大幅减少，政府为防止部分开发商借科研办公楼之名行写字楼之实，会在政策上给予区分，以维护市场秩序。例如，重庆市规定，工业用地上修建的科研办公类用房，单户分割面积不能低于 150m^2，而商业用地性质上的写字楼面积可以随意分割。

最后，客户群体有差异。客群的差异是由以上两种因素综合决定的，地段的不同不仅影响到企业的形象，对于企业员工的生活、出行等都会有不同程度的影响。微型企业没有实力为员工提供更便捷的交通和更具竞争力的薪资，往往不会选择离城市较远的区域。对于那些需要贴近大众消费者的企业，如广告、律所等也更愿意选择城市中心区域。而对于大多数生产性服务企业，为制造企业服务的性质使其需要贴近生产制造的工业园区。

3. 典型案例：天安数码城

产品 5.0 版的典型代表是天安数码城。天安数码城是专门针对非生产型企业或部门打造的科研办公楼宇。天安数码城成立于 1990 年，总部位于广东深圳，在全国开发、运营和管理十余座园区，储备开发建筑面积逾 1500 万 m^2，业务覆盖全国，以珠三角、长三角、环渤海和西南经济圈的“两洲两圈”布局为重点。目前，已有超过 6000 家成长型企业成为天安数码城的客户，享受创新生态环境带来的便捷服务。

天安数码城在全国各地模式基本一致，均是在工业用地上打造以科研办公楼为主的地产项目。目标企业定位为软件、文化创意和金融服务等生产性服务企业。

资料来源：天安数码城（集团）有限公司官网

图 5-13 天安数码城效果图

产业地产产品 6.0 版

产业地产产品 6.0 版是指为管理经济量身定制的独栋总部经济楼宇。

1. 产品特点

■ 以框架结构为主的楼宇，一般为低层或多层；

■ 层高 3.9~5.5m，楼面货载 200~250kg/m^2；

■ 基本无生产性物流，能耗小，在 55~60W/m^2 之间；

■主力户型面积在1000~3000m^{2}之间，一般按栋销售或按竖向分单元销售；

■对办公绿化环境要求很高，对市政交通依赖性较强，对城市配套服务功能要求较高。

2. 产品评价

产业地产产品6.0版在产品形态上与住宅中的别墅类似，建筑形式一般为独栋或联排，以低层和多层为主。由于一般需要配合营造优良的绿化环境，产业地产产品6.0版容积率较低，主要用于总部型企业，适合在经济发达的一、二线城市开发。

3. 典型案例

（1）北京丰台总部基地

北京丰台总部基地是由总部基地（中国）控股集团打造的中国第一个总部经济示范区。项目采取与政府合作、控股运营的方式，按照统一规划、统一建设、统一招商的原则，建设独体、独栋、独立产权的总部楼群，打造集办公、科研、中试、产业于一体的总部经济聚集区。自2003年6月19日奠基开工以来，已建成约400栋独具特色的总部楼，并以智能化、低密度、生态型的总部楼群吸引着广大企业关注。截至目前，北京总部基地核心区已形成入驻400余家国内外大中型企业的规模，85%以上为高科技企业，大多为行业龙头。同时，在以总部基地为核心的丰台科技园范围内已聚集近4000家大中小型企业。

而今总部基地（中国）控股集团已开启全球事业格局，继在东北、华东、江南等区域建设总部基地之后，还将在欧洲等地区发展总部经济。

资料来源：总部基地（中国）控股集团官网

图 5-14 北京丰台总部基地

（2）成都青羊工业总部基地

成都青羊工业总部基地位于青羊工业集中发展核心区域。项目总占地面积 1089 亩，规划建筑面积超过 100 万 m^2，是成都青羊工业建设发展有限公司为企业打造的大型总部办公集群。项目于2006年开始启动，分六期开发，目前项目独栋式企业总部已全部建设完成。

截至当前，已逾385家企业正式入驻青羊总部基地，其中世界500强分支机构9家，全国500强企业11家，行业100强企业129家，中外合资和独资企业4家，涉及航空产品、电子电器、软件开发、精密机械加工研发等行业。

资料来源：成都青羊工业建设发展有限公司官网

图5-15 成都青羊工业总部基地

以上对产业地产产品线的归纳总结是基于国内主流的产业地产项目产品的分析。但近年来，部分地区出台政策限制在工业用地上修建成片办公型产品，即产品 5.0 版和 6.0 版在部分区域受到限制。例如，重庆在 2015 年出台的《渝府办发〔2015〕95 号》文件中，明确提出“工业用地上只能建设工业项目。‘2.5’产业园、总部经济区和创意产业园等项目不属于工业用地上适建的项目，应纳入贸易、设计、咨询等技术服务办公类用地（用地分类代码为 B29）管理”。

据不完全统计，长沙、衡阳、昆明、富阳、温州等地区对工业用地上建设配套设施的占比也作出了严格限制。因此，各地在项目产品规划时，政策的因素必须加以考虑。

第三节　如何进行产品定位

产品定位的基础

产品定位，首先要做到心里有谱，做产品其实像追女孩一样，要学会揣摩对方的心思，知道对方喜欢什么，需要什么，然后提供个性化的产品和服务。产业地产产品定位的基础源于以下五点。

第一，明确开发商的诉求是价值最大化还是快速回现，其发展战略是走传统开发模式以销售为主，还是走运营模式以租赁为主。明确开发商的这些诉求决定着产品定位选择保守型还是略为领先型。

第二，明确产品目标市场及规模，为谁打造的产品，其需求容量多大。这一点在目标企业定位时已经给出答案。

第三，分析竞争格局。近年我国各地都在建设产业园区，在打造产品的时候要对同类产品进行分析，避免出现过度竞争。

第四，明确自身的优势。自身有哪些资源可利用于项目中，比如政策、开发商资源、周边基础条件、地形地势等，有没有对产品定位造成重大影响的因素？

第五，选择适当的产品线。什么产品适合在什么区域修建，适合哪些企业？这是一个长期积累的经验，在一定程度上可作为对项目定位是否合理的依据或补充。

以上五点中，前三点在前文的企业定位中已有阐述，第四点是对项目自身的分析，与传统房地产的分析方法一致，在此不作过多阐述。以下重点阐述的是第五点——选择适当的产品线，产业地产的六大产品线各具特点，如何选择合适的产品线对产品定位至关重要。

产品线的适用性分析

1. 产品线的抉择关乎成败

中经研究在产业地产领域专心研究多年，看到诸多的开发商在传统房地产领域摸爬滚打多年，进入产业地产却折戟而归。其原因是多方面的，但大多数开发商都犯了同一个错误——选择了错误的产品线。

传统开发商在房地产的黄金十年看到了城市化带来的资产快速升值效应，因此在产品设计上更倾向于往前迈一步甚至多步，希望通过建筑规划尽量提升项目的价值，实现价值的最大化。但他们过于乐观地估计城市化，近几年，全国各地政府都在积极地规划新城、新区，但真正能够按照规划落地的却极少。

据国家发展改革委城市和小城镇改革发展中心发布的《2016：中国新城新区发展报告》显示，据不完全统计，截至2016年7月，全国县及县以上的新城新区数量3500多个，其中国家级新区18个、国家级经济技术开发区219个、国家级高新技术产业开发区145个，还有150多个各类综保区、边境经济合作区、出口加工区和旅游度假区等，这些新城新区规划人口达到34亿，这是严重的失控。对于产业地产而言，城市化也不是唯一衡量的指标，工业化与经济的增长才是产业地产发展活力的有力保障。

开发商罔顾市场，过于超前规划的例子很多。如重庆茶园，是重庆传统的老工业基地之一，制造企业扎堆。近两年，当地政府按照产城融合的理念规划发展茶园新区，但由于起步慢，产业的升级换代也才刚开始。众多产业地产开发商拿地后马上上马项目，规划的多是“高大上”的产品5.0版和6.0版，总部基地遍地开花。据不完全统计，2016年在售的此类项目在10个以上，规划总面积达200万 m^2，已开发约80万 m^2。但市场是残酷的，这些项目总体去化率不足50%，所有项目的销售困难重重，大部分开发商面临严重的资金压力。

规划超前实际上反映的是产品线抉择的失误。因此，产品线的抉择非常关键，是产品定位的首要前提。

2. 产品线的适用性

产业地产产品 1.0~6.0 版是按照生产功能逐步减弱，办公功能逐步增强的规律来划分的。根据前文介绍的企业定位，能对应出其需求的产品，但产品线的适用性对于产品定位也至关重要。

产品线的适用性是中经研究根据国内众多成功的项目总结出来的，其适用的区域、企业是不同的。

表 5-7 产业地产产品 1.0~6.0 版适用性

	适用企业	适用区域	典型案例
1.0 版	以重工业、生产加工制造为主的中小型制造企业	二、三线城市外围远郊工业园区、小城镇工业园；要素成本低、以重型制造业为主导的产业园区	成都浩旺产业园
2.0 版	以轻工业、生产加工制造为主的中小型制造企业	二、三线城市远郊工业园区、四线城市近郊工业园；以加工制造业为主导的产业园区	重庆盈田·工谷系列
3.0 版	无污染无噪音的总装类、科技类、研发类企业	二、三线城市近郊工业园区，制造业较发达区域，产业转型升级趋势明显的产业园区	天海星系列
4.0 版	无噪音无污染，对办公环境要求不是特别高的轻加工制造企业	一、二、三线城市近郊 / 远郊工业园区，轻型制造企业集中的产业园区	重庆曙光都市工业园
5.0 版	以办公为主的生产性服务业、科技型企业	一、二、三线城乡接合部产业园区，区域生产集中，交通条件好、区域配套成熟、辐射力强的、政府重点发展现代服务业区域	深圳天安数码城、重庆广告产业园
6.0 版	大中型服务类企业，大中型总部企业	一、二线城市或区域中心城市近郊工业园区，周边环境优美、总部经济与现代服务业发达、高校集中区域	北京丰台总部基地、成都青羊工业总部基地

以上产品线的适用性对于大部分项目的定位都是适用的，也有利于从另一个层面来验证项目产品定位的正确性。

产品定位两步走

有了前面产品定位的基础，产品定位也就迎刃而解了。实际上产品定位由两步构成。产品线的抉择是产品定位的第一步，确定产品的建筑形态；第二步是在产品线的基础上进行充实，包括具体的指标范围、配比等，形成项目设计任务书。

1. 确定产品线

根据产品线的适用性，结合项目所处区域，可以得出项目适合的产品线。一般情况下，一个项目定位的产品线不会是单一的，而是多个产品线的组合。其中以现实需求的产品为主，必要时规划少量超前产品，以满足开发商对未来利润的需求。

图 5-16 产品线组合定位

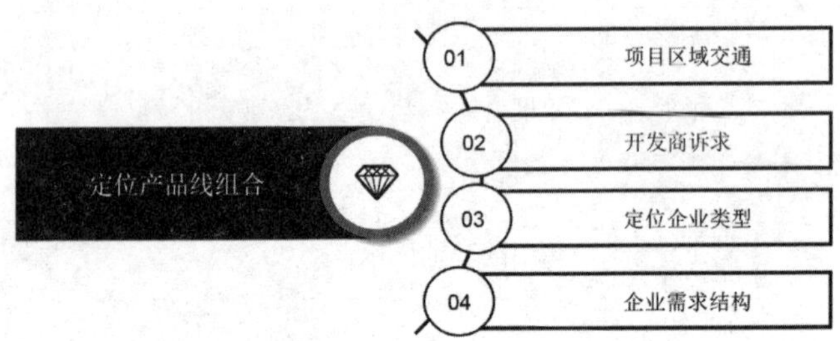

2. 形成项目设计任务书

前面说过，产品定位是建筑规划设计的基础。前期策划的最终任务之一是要根据产品定位形成一份《项目设计任务书》，为后续的项目建筑规划设计提供依据。产品线并不能满足该要求，还必须在产品线的基础上进一步明确对应产品线的单户面积范围、层高、荷载、物流等，作为项目规划的依据。

第四节　产品定位实践案例

产品定位过程分析

由于产品定位与企业定位联系紧密，本部分仍以永川项目为例进行介绍。在企业定位已经明确的前提下，对产品定位分三步进行：

1. 提出项目产品定位理念

根据项目地块、临近市场等方面分析，提出项目产品定位的理念：近期可用、中期可融、远期可变。

近期可用：近期，永川区工业发展处于迅速上升期，大量东部沿海企业向永川区转移，工业企业的数量与日俱增，满足企业的生产需求是本项目产品定位的基本因素。

中期可融：中期，随着永川区城市建设范围的不断扩大，周边商业住宅用地的开发，项目地块价值将会大幅提升，因此项目产品必须站在发展的角度上进行定位。

远期可变：远期，项目地块周边发展日趋成熟，项目在产品功能定位方面必然会进行一个转变，即由生产向办公功能过渡，实现项目产品的价值最大化。

2. 产品线定位

综合分析，产品线定位为产业地产产品 2.0~5.0 版，其中以产品 2.0 版和 3.0 版为主，产品 4.0 版和产品 5.0 版为辅。其原因如下：

表 5-8 永川项目产品线定位

产品线	选择原因	备注
2.0 版	有较好的市场需求，容积率低，经济效益不高，市场无同类产品	可大力发展
3.0 版	有一定市场基础，容积率适中，市场无同类产品	可大力发展
4.0 版	有一定市场基础,容积率高,经济效益好,但存在同质化产品	可适当发展
5.0 版	暂无市场基础，考虑未来效益	谨慎发展

3. 产品结构定位

表 5-9 产品 2.0 版定位建议

序号	类别	产品 2.0 版	说明
1	单层面积区间（m^2）	700~1000	单栋建筑面积 1800~2300m^2
2	层数（层）	2.5	顶层以办公为主
3	层高（m）	1F:7.8；2~3F:4.5	
4	荷载（T/m^2）	2~3F:0.6	
5	柱距（m）	8.0~9.0	按照 3 和 3 的模数
6	立体交通	货梯：1 台（2T）	

表 5-10 产品 3.0 版定位建议

序号	类别	产品 3.0 版	说明
1	单层面积区间（m^2）	生产区：700~900 办公区：200~400	单栋建筑面积 2700~4500m^2
2	层数（层）	2~4	
3	层高（m）	1F:7.8；2~4F:4.5	
4	荷载（T/ m^2）	2~4F:0.6	
5	跨距（m）	8.0~9.0	按照 3 和 3 的模数
6	立体交通	货梯：2 台（2T）； 客梯：1 台（0.8T）	

表 5-11 产品 4.0 版定位建议

序号	类别	产品 4.0 版	说明
1	单层面积区间（m^2）	1000~1500	单栋建筑面积 6000~9000m^2
2	层数（层）	6	
3	层高（m）	1F:7.8；2~6F:4.5	
4	荷载（T/ m^2）	2~6F:0.6	
5	跨距（m）	8.0~9.0	按照 3 和 3 的模数
6	立体交通	货梯：2 台（2T）； 客梯：1 台（0.8T）	

表 5-12 产品 5.0 版定位建议

序号	类别	产品 5.0 版	说明
1	单层面积区间（m^2）	500~1300	单栋建筑面积 3500~13000m^2
2	层数（层）	7~10	
3	层高（m）	1F:7.8；2F 及以上 : 4.5	
4	荷载（T/ m^2）	0.2~0.25	
5	跨距（m）	8.0~9.0	按照 3 和 3 的模数
6	立体交通	客梯：4 台（1.3T）	

项目产品定位示意

根据前述的产业定位，最终规划的项目示意如下：

图 5-17 永川项目效果图

第六章

密钥五：配套定位解码

一个成功的产业地产为入驻企业提供的绝不仅仅是一个生产办公的建筑空间，更大程度上为企业提供的是一个生态圈。入驻企业处于这个生态圈中，可以正常地生产、经营和运作，可方便地找到合适的劳动力和人才，可便利地享受园区优惠政策，降低企业运营成本。

按照这个要求，产业地产为入驻企业提供的是硬件和软件两方面的支持。其中硬件除了生产办公的物理空间外，还包括园区项目配套；软件则是指园区的服务，将在下一章进行阐述。

项目配套也是建筑规划设计不可或缺的一环，包括基础设施配套、服务设施配套两类。

第一节 基础设施配套

基础设施配套是企业生产的基础要素，一般工业园区在招商前都会进行土地的一级整理，一级整理的要求至少达到“五通一平”，指的是通水、通电、通路、通讯、通气，以及土地平整。有些园区甚至达到“九通一平”，除土地平整外，通市政道路、雨水、污水、自来水、天然气、电力、电信、热力及有线电视管线。工业园区的“五通一平”甚至“九通一平”，实际指的就是基础设施配套。

基础设施配套的成本是企业运营成本的重要构成部分，因此，也是企业选址关注的要点。

表 6-1 重庆两江新区水电气成本

要素	细分项目	单价（元）
电力	1~10KV	0.672
	110KV	0.632
	220KV 以上	0.622
天然气	天然气（元 /m^3·月）	2.54
水	大工业供水 3.15 元 /m^2	4.45
	污水处理费 1.3 元 /m^2	

资料来源：重庆两江新区官网

1. 道路物流组织配套

道路物流的组织是生产型企业必须关注的要点，企业的设备与产品都需要依靠货车运输，对于重型加工企业来说，经常有大型货运车辆进出。因此，必须有满足货车的车道宽度，合理组织安排内外部货流、车流和人流动线，科学安排人员和货物的出入口。一般而言，制造企业所需道路物流宽度原则上不低于 8m，转弯半径不低于 12m。

图 6-1 道路物流示意图

2. 雨水管网

雨水管网要按照项目所在地城市规划或园区规划，结合当地实际情况进行设计。在项目规划设计中可考虑引入雨水循环系统，搜集的雨水可作为工业用水的有效补充。

图 6-2　雨水管网示意图

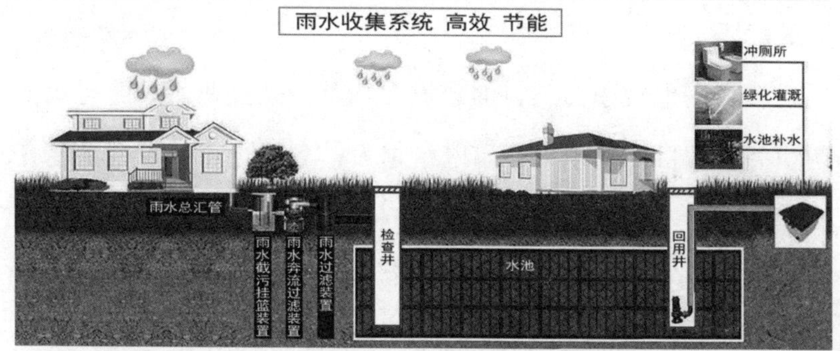

3. 污水处理

一般工业园区都会统一规划污水处理设施。对于产业地产项目而言，定位产业的特征决定了是否需要规划污水处理设施。若目标企业都有排污需求，则需要规划集中的污水处理设施。但在实际操作中，地方政府都会限制大部分的产业地产项目引入有污染的企业，因此不需要建设集中的污水处理设施。

图 6-3　污水处理厂

4. 供水设施

主要包括消防用水、生活用水和生产用水等。

5. 供电设施

电力是工业园区最为重要的基础要素之一。园区企业根据类型的不同，对电力的需求也不一致，需根据具体情况确定电力的配置。

项目用电规模与项目的建设面积及入驻企业所处的行业密切相关。项目规模越大，用电量越大；不同行业的用电量会有较大区别，一般根据行业定位的调查数据来确定。根据中经研究的经验数据，一般企业用电量在50~60W/m^2。

图 6-4 供电设施

6. 供气设施

供气设施不是工业园区必备的配套，但某些特殊类别的企业在生产中需要使用天然气，因此需根据目标企业情况来确定是否配备供气设施。

7. 通信设施

现代企业对通信的要求必不可少，部分行业，比如计算机与软件等对通信设施、网线的要求非常高。

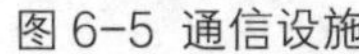
图 6-5　通信设施

第二节　服务设施配套

服务设施配套是指除企业生产和办公的空间外，为入园企业提供的生产与生活服务空间。食堂、物流、住宅配套几乎是所有入驻企业不可缺少的配套设施。一般而言，大型企业自身有能力为员工提供服务设施，比如餐厅、小卖部、活动场地等，而小企业的员工服务则完全依靠园区的配套设施。

由于倒班楼和园区商业等配套服务设施的价值远高于厂房，因此配套设施建设成为很多产业地产商打擦边球的依据。为防止开发商以提供服务配套的名义大量开发住宅与园区商业，各地政府都制定了相应的标准厂房政策，对生活设施、后勤保障、办公服务等配套设施面积所占项目总面积的比例进行明确的规定。例如，重庆市的最新规定是标准厂房配套占地面积不超过项目总占地面积的 7%，且配套建筑面积不超过项目总建筑面积的 7%。

表 6-2 部分区域配套占比要求

区域	配套占地占比	配套建面占比
重庆市	≤ 7%	≤ 7%
云南省昆明市	≤ 7%	——
湖南省长沙市	≤ 10%	——
湖南省衡阳市	≤ 10%	——
浙江省杭州市富阳区	≤ 7%	≤ 15%
浙江省温州市平阳县	≤ 7%	≤ 25%

资料来源：各地政府标准厂房相关文件汇总整理

根据每个园区定位的不同，配套的设置也有一定差异，需要综合考虑园区运营成本与达到效果的匹配度，判断是否每一个配套设施都必须建设，例如由于园区的规模不够，不能吸引入驻企业员工在产业园区内定居，那么就很难支撑教育、学校、医疗等基础设施的运营，建设这些设施成了浪费资源，因此园区配套的选择是有考究的。最常见的园区服务配套包括倒班楼、员工食堂，以及园区配套商业。

倒班楼

倒班楼是为园区入驻企业员工提供的员工宿舍。一般按照工业的要求进行设计，外观简洁大方。但倒班楼并非必须要建，要依据项目周边的环境来进行决策，同时建设规模也有所考究。

是否建：项目周边 5km 范围内是否有可租售的住宿配套设施？是否能满足企业的基本需求？如果周边能提供足够的住宿

配套，则项目不需单独建倒班楼。

规模定位：普通倒班楼一般按照 4 人 35m^2/ 间进行配置，且项目建设的倒班楼原则上只能为入驻企业的员工服务。因此，需要在前期调研时对入驻企业员工数量、入驻率等有个基本的预估。

注意事项：一般会为专家、高层员工等设置少量专门的休息室。

图 6-6 倒班楼

员工食堂

员工食堂是项目规划中必须考虑的问题，园工吃饭问题可以由企业自己解决，也可以由园区统一规划。一般而言，中小企业单独配套食堂的成本较高，园区统一配套食堂能够有效降低运营成本，实现规模收益。园区配套员工食堂可降低意向企业的顾虑，是降低企业运营成本的重要举措。

是否建：项目周边 500m 范围内是否有足够多的餐饮配套商户？是否能满足所有入园企业员工的需求？一般情况下，园区都建有规模不等的员工食堂。

规模：根据园区用餐人数，一般按照 0.5~0.8 人 /m^2 的标准进行配置，可根据实际情况进行微调。

标准：根据园区的产业定位，确定园区食堂的标准。对于入园产业能级高、企业职工平均工资高的园区，食堂标准应相应提升，在菜品、环境上营造高标准。对于传统的工业企业，食堂标准应相应放低。

注意事项：一般规模较小的产业地产项目，建设一个食堂足够，但对于大型产业地产项目而言，应考虑食堂的服务半径，必要时可设多个食堂。

图 6-7 员工食堂

园区商业配套

园区商业配套是为园区内入驻企业的员工、企业主等提高各类生活服务的配套。一个园区有众多的中小企业，其员工除工作外，还有基本的饮食、娱乐、休闲、购物等生活需求。由于大部分产业地产项目位于工业园区，生活配套极不完善，需要规划部分商业配套。

是否建：项目周边 1km 范围内是否有商业配套？商业配套是否能满足员工需求？一般情况下，园区开发商为提升项目的经济效益都会规划部分商业配套。

规模：园区商业一般不会成片规划，大多规划在靠近主干道建筑的底层，以底商的形式存在。

业态：园区商业的业态必须围绕员工的实际需求来设定。

这在前期的企业调研时可进行针对性访问。一般而言，园区内必要的配套除倒班楼和职工食堂外，还包括各类餐饮、超市/小卖部、网吧、洗衣店、诊所/药店、银行等。

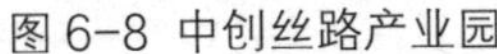
图 6-8 中创丝路产业园

例如，重庆天海星茶园工业社区在建设之初就对企业的配套设施需求进行了摸底调研，根据反馈情况，企业需求最多的是餐饮、银行、超市等配套。在园区建成后，积极引入这些业态，极大地方便了园区内员工的生活。

图 6-9 天海星茶园工业社区商业配套需求调研结果

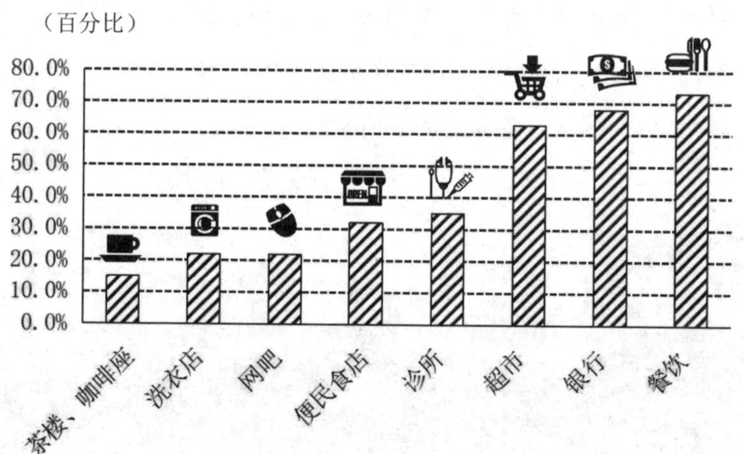

第七章

密钥六：服务定位解码

对一个成功的产业地产项目而言，软件体系的构建是不可或缺的。构建并运用好这些服务，一方面可以有效地吸引企业入驻，另一方面还能成为一个重要的赢利方式。

第一节 什么是项目服务

前两章阐述的是产业地产项目的硬件系统，本章所述的项目服务是产业地产的软件体系。对一个成功的产业地产项目而言，软件体系的构建是不可或缺的。构建并运用好这些服务，一方面可以有效地吸引企业入驻，另一方面还能成为一个重要的赢利方式。

目前我国领先的产业地产商都非常注重项目的服务，例如联东 U 谷在全国大举扩张，产业园区项目已达 60 余个，其入驻企业超过 6500 家。众多的入园企业使得联东 U 谷的运营服务能够通过规模效应实现低成本、高效率的运作。

联东 U 谷为入园企业提供的服务众多，主要包括企业家活动、人才招聘、政策法规辅导、专业培训、团购 /IT 服务及文化活动等。

表 7-1 联东 U 谷园区服务内容

服务类别	服务内容
企业家活动	BOSS 来做客、企业资本对接、企业家联谊、企业家沙龙、企业家新春年会、私董会活动等
人才招募	专场招聘会、人资沙龙、校招活动等
政策法规辅导	人才引进政策解读、财税培训、高新申报辅导、项目基金解读、科技政策解读等
专业培训	员工沟通技巧培训、企业税务风险管控、劳动用工风险防范、创新理论培训等
团购 /IT 服务	园区内购会、园区特卖会、办公用品团购等
文化活动	UBA 篮球赛、员工嘉年华、知识竞赛、UBC 羽毛球赛、徒步活动、乐行俱乐部、联谊活动等

资料来源：联东集团官网

图 7-1 园区服务内容

根据对国内园区服务体系的分析，可将园区服务大致分为生活服务和企业服务两类。

生活服务

生活服务通常指为入驻企业员工提供的软性服务。由于产业地产项目一般位于工业园区，而工业园区的配套缺乏导致企业尤其是中小企业招工困难。对员工生活的关怀和服务是降低入驻中小企业的员工流动率和运营成本的有效方式。除基础的生活配套设施外，还可提供的软性服务包括园区文化活动、通勤车等。

1. 园区文化活动

一般一个产业地产项目的入驻企业有几十家甚至上百家，企业员工成百上千，可以构成一个较大规模的社区，但员工间缺乏交流、缺乏丰富的业余活动是国内园区的常态。开发商可以聚集人群，组织建设各类社团或俱乐部，使园区形成一个活力的社区；也可定期组织各类活动，如篮球赛、徒步、羽毛球赛、联谊活动等，丰富园区的文化生活，加强员工的归属感。

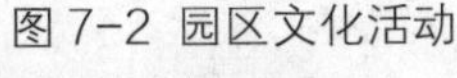
图 7-2 园区文化活动

2. 通勤车

通勤车是为方便入驻企业的员工上下班出行的重要方式。对于公共交通不便捷的园区，可统一提供通勤车，接驳至周边重要的交通节点，方便员工的出行。

图 7-3 通勤车

企业服务

企业服务配套是为企业生产提供的配套，是软环境的配套平台。这也是产业地产与传统地产的最大区别所在。

园区是中小企业共同集聚的平台，尤其对于同一产业的企业来说，有很多资源平台是可以共享的，没必要每个企业都构建一个。比如法律服务、人力资源服务等，通过园区管理机构提供统一的服务，入驻企业只需要提出要求，由园区管理机构来统一执行。这样使每个入驻企业的小但不可或缺的需求，由园区进行整合后可提供专业化、规模化的服务，专业化与规模化之后得到的是高效化。

常见的企业服务包括物业管理、综合政务、金融财务、人力资源、管理咨询与法律服务、企业交流和商务统购等。

表 7-2 部分园区企业服务配套

代表园区	企业服务
浩旺产业园	投融资、担保、信用、信息、培训、技术、咨询、创业、市场开拓、物管
盈田·工谷	投融资、物管、商务统购、法务咨询、统采统购、人力资源、政府扶持、手续代办
天海星工业社区	资金、政策、法律、信息、物管
曙光都市工业园	物业管理、人力资源、后勤保障、金融财务、安全生产管理、综合政务、管理咨询、法律

资料来源：各园区开发单位官网

1. 物业管理服务

物业管理服务是指主要针对园区物业进行的一些基本管理，主要包括：

（1）水、电、网络基础设施建设及服务；

（2）绿化管理，维护园区的绿化环境；

（3）保安管理；

（4）环境卫生管理；

（5）车辆道路管理；

（6）消防管理。

图 7-4 物业管理服务

2. 综合政务服务

综合政务服务包括政务代办、政策咨询培训、政策资金申请等服务。

一个企业要入驻园区，还需要通过政府的审批，部分园区甚至要求入驻企业登记地重新注册到项目所属区域。除此之外，还有因物业交易产生的一系列税费等，这些一般由园区管理机构为入驻企业代办。

此外，园区管理机构为入驻企业提供产业政策咨询、高新技术认证服务，同时为入驻企业申请专项扶持资金，协助企业落实园区政策，包括国家科技型中小企业创新基金、中小企业发展专项资金、地区中小企业扶持资金等入驻企业可享受的资金扶持，都尽力为其申请，为入驻企业提供更好的政策环境。

图 7-5 综合政务服务

3. 金融服务

园区管理机构为企业提供个性化的融资服务，定期组织企业与金融机构的融资对接活动，帮助企业拓宽融资渠道。比如天海星集团从以下三个方面为入驻企业提供金融服务。

第一，搭建银企沟通机制，解决企业融资难题。可通过引进担保公司和风险投资机构，建立互保机制，降低入驻企业的融资门槛。

第二，打造金融超市、创新金融产品与增值服务。通过与银行、保险、证券、担保、信托、融资租赁等多种金融机构合作，有机整合各类金融机构的产品和服务，向客户提供国内外融资、金融租赁、创投、基金、期货、信托、产权、担保、典当、信息等众多金融产品与增值服务。

第三，搭建企业家互助基金。通过把入驻企业分散的金融资源进行整合，使之与企业的需求进行无障碍对接，实现多赢。

图 7-6　金融服务

4. 人力资源服务

人才和劳动力问题是中小企业面临的另一大难题。园区一般远离城市，有效吸引劳动力的进驻本身就是个难题。园区集聚了一批中小企业，且具有较高的产业集中度，由园区管理机构统一进行招聘，能够大大降低入驻企业的招聘成本，同时大规模的招聘也更容易取得效果。

园区管理机构可从两个方面为入驻企业提供人力资源服务。第一，建立园区人才培训基地和人力资源储备库，为企业提供人才招聘、技能培训等各种服务；第二，统一组织校园双选会，建设高校学生实习基地，建立园区产学研服务体系，鼓励企业与高校、研究机构等开展产学研合作。

图 7-7 人力资源服务

5. 管理咨询与法律服务

管理咨询与法律服务是企业生产经营中最缺乏的环节，一方面可以通过组织开展企业管理、法律知识的相关讲座，为企业在管理方面答疑解惑，为企业提供法律顾问，解决生产经营管理中的法律问题。另一方面，可在园区中引入中介机构，为企业提供管理咨询和法律方面的服务。

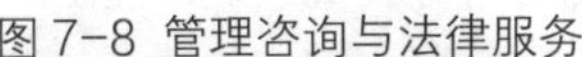
图 7-8 管理咨询与法律服务

6. 企业交流服务

组织策划园区企业参加各种行业沟通会、技术研讨会、产品展销会等各类交流活动，成立园区理事会、企业家联谊会等，为园区完善服务功能出谋划策，实现园区与企业协调发展。

图 7-9 企业交流服务

7. 商务统购服务

为入驻中小企业提供办公用品团购、机票预订等服务，通过规模化的采购降低采购成本。

图 7-10 商务统购服务

第二节　如何进行服务定位

产业园区提供的服务不是越多越好，虽然提供越多，对入驻企业越有利，但对于运营企业而言，由于服务是由入驻企业自愿选择的，可能有些服务只是很少部分企业的需求，若提供此类服务可能造成运营成本过高。

可持续的服务模式是运营企业将服务作为一项赢利模式，自负盈亏。国内大部分专业的产业地产运营商都非常注重园区服务的提供。由于这些运营商同时运营多个产业地产项目，入驻企业上百家，随着入驻企业的增加，为企业提供的增值服务已逐步成为企业赢利的重要方面。

园区服务规模化能够带来效益，这就要求提供的服务要有针对性。因此，选择针对性的服务是园区服务定位的关键。前期对企业调研时就要针对企业及企业员工服务的需求进行调研，为园区服务定位提供依据。

例如，根据重庆茶园项目前期的企业调研发现，企业普遍存在人才招聘难、企业融资难等难题，这些难题是园区服务定位的基础。通过对意向企业的调查得出，物业管理、金融服务、人力资源服务和政务服务是企业普遍需求的服务。

图 7-11　企业服务需求

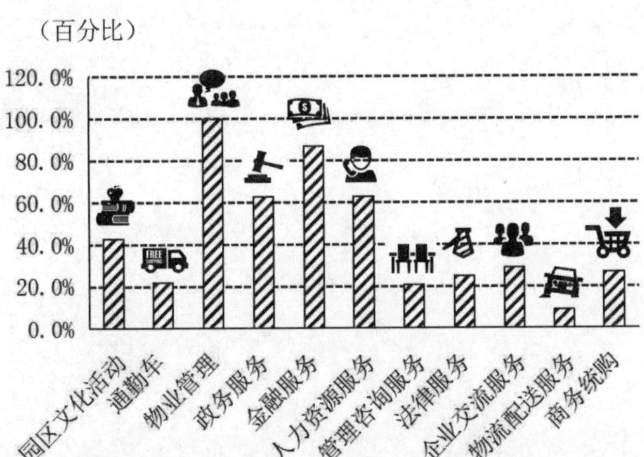

中经研究在调查过程中还发现企业希望能够成立互助式基金，引入社会中介服务企业，解决企业融资问题。

根据综合分析，最终中经研究建议该项目运营机构统一提供的服务包括物业管理服务、金融服务、人力资源服务和政务服务，并成立企业家俱乐部，而其他服务可通过引入中介服务机构的方式进行解决。

第八章

密钥七：招商定位解码

产业地产招商难是行业内公认的事实。产业地产招商普遍存在的现象有招商效率低下、缺乏招商渠道、招商质量不高、缺少专业人才、没有经验借鉴和缺乏业界交流等。出现这些现象一方面是由于在项目前期选址、定位、规划和设计当中出现了一些问题。另一方面，则是由于产业地产本身的特点所造成的。

第一节 产业地产招商难点解析

产业地产招商难是行业内公认的事实。产业地产招商普遍存在的现象有招商效率低下、缺乏招商渠道、招商质量不高、缺少专业人才、没有经验借鉴和缺乏业界交流等。出现这些现象一方面是由于在项目前期选址、定位、规划和设计当中出现了一些问题，这在前文已经反复强调。另一方面，则是由于产业地产本身的特点所造成的。

目标客户量少

很多产业地产项目，虽然打了大量的广告，招商中心看起来也“高大上”，但实际上门可罗雀，一天有几个客户来访已经是很好的状态。造成这种现象的根本原因在于产业地产的目标客户量少，导致大众的宣传方式不具备针对性。

产业地产的目标客户是中小型企业，对于绝大多数产业地产来说是工业型企业。根据地方经济发展的不同，中小型工业企业的数量会有较大差别。一般来说，中小企业的数量远小于当地城市居民的数量。以重庆市为例，2016 年全市常住人口达到 3048.4 万人，而当年中小企业的数量为 67 万户，约为人口的 2.2%。且这 67 万户中除工业企业外，还包含现代服务企业、个体商户等，而这些企业只有在投资新办、增产扩容、增设分厂、战略性搬迁和政策牵引等情况下才会考虑购买 / 租用新的厂房。

图 8-1 企业重新选址原因

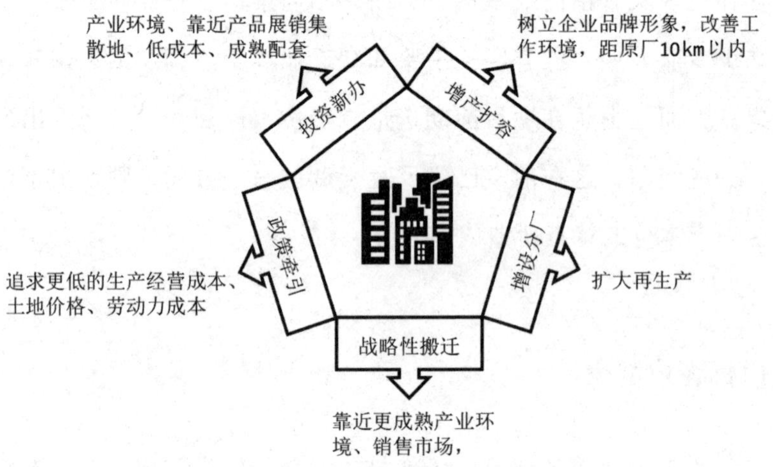

除此之外，产业、厂房区间面积和区域面积的限制等都将产业地产项目的目标客户面收窄。从中经服务的众多产业地产项目来看，绝大多数项目在 1 年内项目的到访客户量维持在 300 户以内，对于住宅项目来说，这是完全无法想象的。

招商周期长

招商周期长的一个根本原因在于企业选址决策周期长。对于一个企业而言，重新选址或购买厂房是一笔很大的投资，必须非常谨慎。一般企业的选址是从选位到定址的一个过程，要经过多轮筛选才能选择到合适的厂房。

图 8-2 企业选址筛选流程

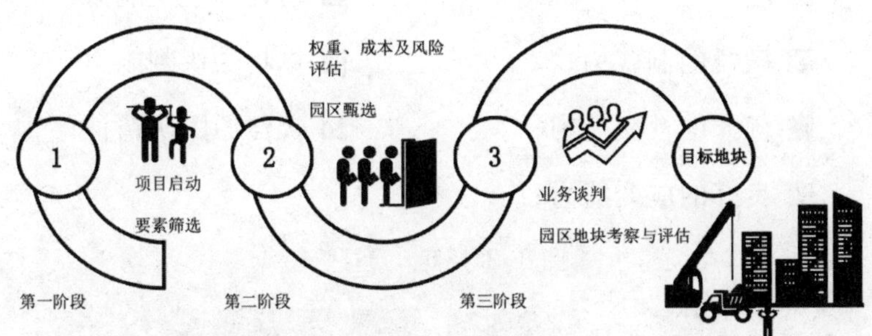

由于企业自身也深知找寻厂房的不易，一般都会提前几个月甚至半年开始寻找厂房。在实际招商过程中，中经研究也发现，目标客户最终定下本项目的物业可能是在本项目来回考察十余趟才决定下来的。

招商人员要求高

产业地产的目标客户为企业，而且一般选择决策的都是企业的实际负责人。因此，招商人员需要实际接触企业负责人。此外，产业地产项目的招商一般需要招商人员走出去，主动拜访潜在的目标客户。这两点都对产业地产招商人员的素质提出了很高的要求。

国内一家专业的产业地产公司列出了招商人员必须具备的素质，包含 11 点：

- ■ 良好的心理素质；
- ■ 知识面要广；
- ■ 沟通能力强；
- ■ 敏锐的洞察力；
- ■ 优秀的社交能力；
- ■ 良好的应变能力；
- ■ 卓越的成事能力；
- ■ 敏锐的信息意识；
- ■ 超凡的组织能力；
- ■ 卓越的谈判能力；
- ■ 较佳的团队精神；

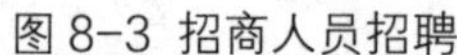

图 8-3 招商人员招聘

目标客户量少、招商周期长和招商人员要求高都决定了产业地产招商难。在了解产业地产招商难的根本原因之后，更重要的是直面这些问题，积极地去寻求解决方法。

第二节 产业地产招商解码

中经研究根据自身在产业地产领域多年的招商经验，认为产业地产招商就像谈恋爱一样，只要认清自己、找准对象、动之以情、坚持不懈就一定能成功。所以本文就用谈恋爱的方式谈谈产业地产招商解码。

图 8-4 产业地产招商五步法

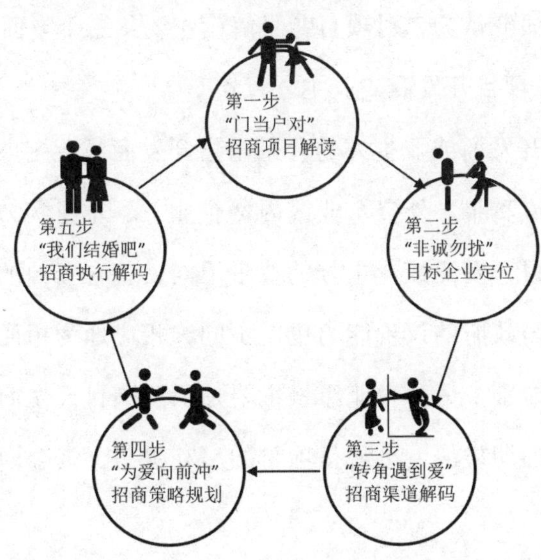

门当户对——招商项目解读

古今中外，一些凄美的人们耳熟能详的爱情故事被广泛传颂，例如董永和七仙女、梁山伯与祝英台等，他们恋爱的过程很美，但结局很残酷，双方联姻失败的根本原因主要还是因为双方家庭地位的不对等，即没有做到门当户对。

产业地产招商就像谈恋爱，要想成功，首先要做的就是认清自己，知道自己的项目到底有什么，给自己定位清晰后才能找准对象，否则要么徒劳无功，要么就是事倍功半。

如何解读自己？中经研究认为，可以从以下三个方面进行分析。

1. 项目背景解读

中经研究认为，对项目背景解读主要从三个方面进行。

（1）项目开发商或业主方背景

项目开发商或业主方的背景是指开发商或业主方的企业性质（国企或私企、外资企业或内资企业）、企业实力和企业愿景等。项目开发商或业主方的背景不同，整合资源的能力、资金实力或与政府的议价能力也就不同，相应地为招商创造的条件也就有差别。另外企业愿景主要是了解项目开发商或业主方对待项目的期望值，也就是项目的赢利水平、资金回笼的快慢要求等。

（2）项目最初的拿地条件

项目的拿地条件包括项目投资协议、项目的规划条件等。项目投资协议对项目的投资强度、工程进度、招商对象和招商政策等因素有明确的约定，了解投资协议中的约定对招商工作至关重要，另外项目的规划条件决定了项目的产品类型，这在一定程度上也决定了招商的目标企业类型。

（3）项目的赢利模式

项目的赢利模式主要包括整体转让、分零租售、自持经营和产权入股等，不同的赢利模式决定不同的招商对象，因此项目采用的招商方式也不尽相同。

2. 项目价值解读

项目价值解读就是要发掘项目的核心竞争力，比如项目在政策、区位、交通、产品、价格、客户、服务和配套等方面区别于其他项目的核心优势，哪些是项目独有的核心资源，哪些是可替代的非核心资源，知己所长才能在招商中发挥优势。

3. 项目品质解读

项目品质解读主要是对已建成的项目而言，主要从政策环境、项目开发商或业主方背景、项目规划设计、施工质量、建筑立面、景观配套、园区服务和项目品牌等多方面进行分析，所招商的项目到底是“高富帅”还是“草根”，品质的差别也注定招商对象的不同。

非诚勿扰——目标企业定位

关于目标企业定位，本书第四章已作了详细的阐述，这里需要说的是在产业地产招商过程中除了产业——行业——企业这种方法外，还有三种明确目标企业的方式，就是集群定位法、产品定位法和产值定位法。

1. 集群定位法

集群定位是指在招商过程中，一定要明白招商的目标企业绝大多数是属于中小型企业，它们是依附于区域内的骨干企业和龙头企业存在，那么在招商时，需要首先明确区域的支柱产业和主导产业，然后找出龙头企业和骨干企业，最后沿着龙头企业和骨干企业的业务链梳理出配套的中小型企业。

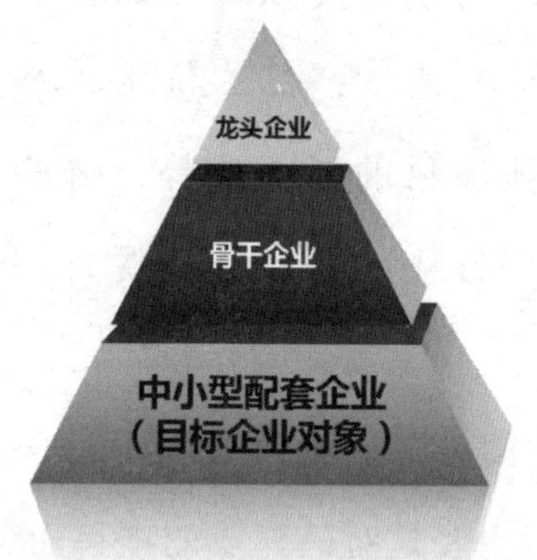

图 8-5 企业集群生态结构

2. 产品定位法

产品定位主要是明确项目的硬件，如厂房的面积、荷载、跨度、柱距、层高、物流和能源配套等条件，从而筛选出适合的目标企业。

3. 产值定位法

产值定位法是指通过核算厂房的销售或租赁价格，按照行业平均利润率推算出具备支付能力的企业所需要的产值规模，从而找到目标企业。

转角遇到爱——招商渠道解码

在明确项目的企业定位之后，接下来要做的事就是如何找到这些客户，即招商渠道解码。中经研究认为，产业地产招商主要有五大渠道。

图 8-6　五大招商渠道

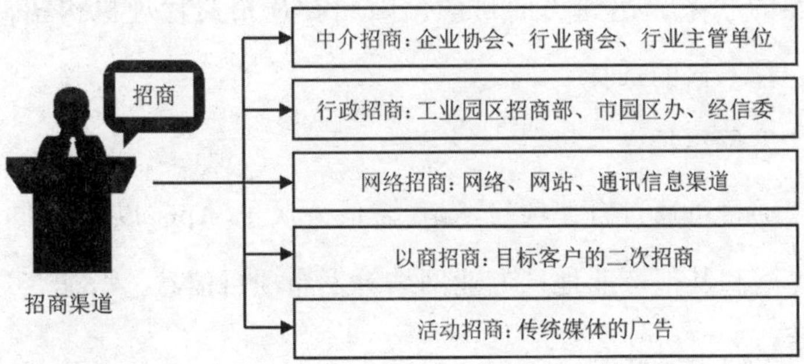

1. 行政招商

行政招商是指通过借助经信委、中小企业局等政府主管部门以及园区招商部等渠道，对项目情况进行宣传推广，从而提升项目的市场影响力，不断获取目标客户信息，最终实现招商的目标。

项目可通过举办招商沟通会、上门拜访等方式，向相关部门招商人员介绍项目基本情况，并建立招商奖励机制，增加招商人员的积极性。此外，也可通过在园区官网发布信息、管委会放置项目展板等方式，提高项目的市场认知度。

2. 中介招商

行业协会、商会是企业间沟通交流的有效平台，掌握着大量的企业需求信息，因此通过与行业协会、商会建立合作关系，能够为项目招商带来便利。此外，招商代理机构具有一定的实操经验，拥有良好的社会资源和成熟的运作模式，能敏锐地从诸多潜在客户中筛选出项目目标企业，并进行针对性的联系，达到招商目的，因此委托招商代理机构招商也是一种不错的选择。

3. 网络招商

项目可通过自建项目网站、微信公众号、App，以及58同城、赶集网和其他产业地产专业网站等发布项目信息，增加客户获知项目的渠道。

采用网络招商渠道，能够拓展新的招商空间，实现项目信息的快速广泛传播，接触更多的目标客户，增加项目招商的灵活性，更加经济、高效地实现项目宣传，为项目招商营造良好的环境。

4. 以商招商

围绕项目定位的目标企业，找出该产业及行业的龙头企业、骨干企业及产业链上的相关企业，通过与这些企业建立合作关系，依托它们的平台和资源，开展项目招商工作。由于这些企业在自身产业领域里具有很高的信誉度，了解中小企业及上下游企业的需求，推荐的企业与项目更容易匹配，能够实现多赢局面。

5. 活动招商

在项目启动、封顶等节点举行仪式活动，以及定期举办项目公关活动及品牌推广活动等，及时发布项目最新动态，加深潜在客户对项目的认识、认知和认同，以便顺利完成项目的招商工作。

为爱向前冲——招商策略规划

谈到产业地产的招商策略，简单来说就是做好两方面：第一方面解决“招得来”的问题，就是常说的招商现场目标客户的上访量，因为招商人员走出去了，关键还得把客户请得来，只有来现场看了，这个客户才靠谱，所以如何解决“招得来”是招商策略的第一步。第二方面就是解决“留得住”的问题，就是目标客户来现场看了，最关键还得要留得下来，留下来才能签约成交。

1. 如何解决“招得来”的问题

中经研究认为，产业地产项目要想“招得来”，首先要了解目标客户是谁，他们到底在想什么？在干什么？他们要什么？只有清楚了他们的需求，才能做到知己知彼，百战不殆。那么目标客户在选择厂房的过程中到底有哪些需求，除了研究目标客户的行业现状、行业发展和所处业务链地位外，还需要研究客户选址的决策要素。

图 8-7 客户选址要素分析

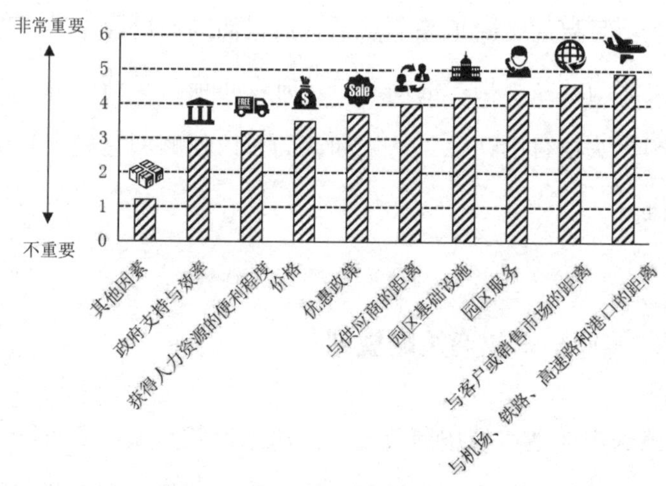

按照目标客户选址要素的得分多少，结合招商项目的核心优势，梳理出项目的独特卖点，然后通过建立的招商渠道进行招商。

为了“招得来”，除了准确掌握客户的选址要素，做到有的放矢进行宣传外，还需要“造势”。俗话说“有人气才有商机”，特别是在国内市场，大多客户都是“追风一族”，相信大家买的才是真的好。在产业地产招商中，目标客户都是企业，虽然这类客户冲动性购买的概率较小，但是如果能够通过“造势”，让同一个产业或同一个行业的客户能够找各种契机经常集聚在一起，相互交流，这样不但解决了“招得来”的问题，更在很大程度上为“留得住”创造了条件。中经研究在多年的招商过程中，对于“造势”最常用的就是举办一系列与项目、行业、商机、企业发展、企业管理、融资贷款、移动互联网、商业模式创新、政策解读、信息发布和订货洽谈等有关联的主题活动。

图 8-8 行业主题活动

2. 如何解决“留得住”的问题

通过前面的运筹帷幄，客户招来了，如何才能“留得住”，这就不单单是招商人员的问题了，很大程度上是考验项目的综合素质。中经研究在数十个产业园招商实操过程中发现，当客户来访后，要想实现最终成交，还需关注以下四个方面的问题。

（1）项目硬件

项目硬件就是前面谈到的项目是否满足企业发展所需的生产、办公和员工住宿等一系列条件，比如产品所在的楼层、室内层高、柱网、荷载、物流交通、能源供给、办公场所、员工住宿和园区政策配套等。项目硬件简单来说其实就是项目对于企业客户来说是不是适用。

（2）成交价格

所谓成交价格就是客户在认同项目所具备的硬件、软件条件后，准备签约成交时双方就成交价格进行的谈判。这个过程非常关键。企业作为法人单位，对于成交价格十分敏感，因为大家都知道通过价格谈判让出的空间就是企业实实在在的利润。所以他们除了自己砍价以外，还会动用一切可以动用的社会关系参与其中。因此如何保证项目能够卖出一个好价，成交价格的谈判至关重要。这一点在中经研究后续出版的系列图书《产业地产招商解码》中会详细叙述。

（3）付款方式

成交价格谈妥后，接下来就是付款方式的洽谈。很多时候付款方式是与成交价格是一并谈判的，不一样的付款方式成交价格也会有所不同，但这一点主要还是根据客户的现金支付能力而定，也可根据客户情况，引入第三方金融机构，比如银行、担保等，让企业能够买得起或租得起所需厂房的同时，自身发展不会受到影响。

（4）权证办理

权证办理主要针对购买厂房的客户，这是他们非常关心的问题。权证办理下来后，他们就可以再抵押融资，所以能否办理权证及取得权证的时间成为能不能“留得住”客户的关键因素。

我们结婚吧——招商执行解码

前面所做的工作，到最后都是靠执行完成，执行力是招商团队能力的体现。关于如何打造一支具有执行力的团队的书籍市面上有很多，但是在产业地产领域这方面的书籍却很少，这里就不过多赘述，只谈谈在招商执行过程中需要注意的几个问题，详情可以参阅后续出版的系列图书《产业地产招商解码》。

1. 招商执行的法则

（1）靶心法则：招商方法好和不好、对和不对的唯一评价标准就是能不能真正直击客户诉求点，使客户产生成交欲望，通过主动购买解决需求和实现自我满足。

（2）多变法则：招商方法不是一成不变的，会根据市场环境、竞争对手、目标对象和企业状况等因素变化，大多时候是交替组合使用，“到哪山就唱哪歌”。

（3）冰山法则：招商绝不是一个人在战斗，露出水面的是成交，但隐藏在水下的是项目的市场研究、产品、品质、品牌、管理团队、客户服务、文化内涵、资源配置及客户未来预期。

招商工作涉及多方因素，是通过对各方条件的平衡，用最优化的一个面或一个点去赢得客户认同的系统工程。

2. 招商执行的管理

（1）工作量化管理

■ 标量化管理：根据项目情况制定招商总体目标、分期目标和阶段招商目标。按照招商目标制定每月、每周、每天的工作计划，一日事一日毕。

■ 流程量化管理：招商执行有了目标，接下来就是按目标制定工作路径和程序，拟定每项工作所需的标准和流程。例如招商人员在客户接待、项目推介、带看现场、洽谈沟通、定金收取、签约、换房、按揭办理、交房验收、权证办理及后续服务一系列工作的流程体系和完成标准。

■ 内容量化管理：按照各项工作流程制定的相应的工作内容和支持策略，保障实现目标所需要的一切条件，把各项工作内容细化、量化、标准化，确保每个人在招商执行工作过程中能精准到位。

（2）招商人员架构设置

产业地产的招商架构设置一般遵循三个原则：按工作内容

设岗、按工作岗位设人、按工作量定人数。

■ 按工作内容设岗：根据工作量化管理的要求，以及要完成目标需要的工作流程、工作内容，来设置招商团队所需要的工作岗位。

■ 按工作岗位设人：根据招商工作所需要的岗位，厘清每个岗位所需完成的工作内容，按照工作内容确定人员素质要求。

■ 按工作量定人数：所谓按照工作量定人数就是根据工作量的大小来设定每个岗位所需要的人员数量。比如招商人员数量的设置一般是通过项目规模大小、可容纳企业客户数量、企业上访量与成交比例这三个指标来确定。

3. 常见招商方法及策略

（1）常见招商方法优劣势对比

表 8-1 常见招商方法优劣势对比

招商方式	优势	劣势
传媒招商	快速并广泛地提高知名度	报纸、电视不仅有极大的时间局限性，而且成本太高
活动招商	招商目标明确，针对招商对象可提供专业服务，交互性强	交易会、博览会、展销会等这些传统招商方式，租用展位、布置展台、发运产品样品、参展人员往返，不仅费用昂贵，而且受时间、地域限制
渠道招商	拓展宣传的渠道，针对性强	分配利益对招商影响大，招商效果不稳定，交互性差
招商小组招商	招商目标明确，针对招商对象可提供专业服务，交互性强	成本高，收效低，时效差
以商引商	拓展招商的渠道，但交互性差	增加招商环节，招商信息可能被扭曲

（续表）

招商方式	优势	劣势
顾问协助招商	提升招商过程的专业化，但交互性差	招商时间很难得到保障
网上招商	招商范围广、成本低，速度快、交流简便，交互性强	很多人性化因素很难展示

（2）常见招商策略

■ “拨开迷雾见月明”：招商的目的不是卖产品，是在为企业客户创造价值的同时，实现双方共赢。

■ “人无我有，人有我精，人精我廉、人廉我不要钱”：强调项目的差异化竞争。

■ “我总被模仿，从未被超越”：注意招商不是一成不变，而是根据外界条件适时调整，同时要有创新型思维，采用创新型策略。

■ “站在巨人肩上看世界”：招商一定要学会借力打力，借势也是招商成功的关键要素之一。

除了上面四种招商策略外，在实战中常用的还有产业链招商、样板型招商、体验型招商和整合型招商等策略手段。详情可以参阅后续出版的系列图书《产业地产招商解码》。

第九章

密钥八：运营定位解码

对于初入产业地产领域的开发商来说，由于不清楚产业地产的运作模式和多元赢利模式，往往采用传统的地产开发模式进行产业地产开发，以短期变现为目的。这类产业地产往往“地产”属性强过“产业”属性。这类项目往往只给入驻企业提供了一个建筑空间，让企业拥有更光鲜的外表，但没有从根本上改变企业的运营环境。

产业地产项目的运作模式多种多样，需要根据开发企业自身所具备的能力及发展战略而定。前瞻性的发展战略和运作模式加上强有力的执行力，往往能带来事半功倍的效果。

第一节 开发运作模式解码

商业地产运作的核心问题是短期变现和长期经营之间的矛盾，产业地产同样如此。产业地产与住宅最大的差异在于是否具有收益性。产业地产和商业地产都通过某种运营方式持续获利，实现保值和增值。

对于初入产业地产领域的开发商来说，由于不清楚产业地产的运作模式和多元赢利模式，往往采用传统的地产开发模式进行产业地产开发，以短期变现为目的。这类产业地产往往“地产”属性强过“产业”属性。这类项目往往只给入驻企业提供了一个建筑空间，让企业拥有更光鲜的外表，但没有从根本上改变企业的运营环境。

而专业的产业地产开发商，经过多年的摸爬滚打，都非常注重公司的品牌与长期经营。长期经营要求开发商拥有非凡的招商能力，并能严格控制引入企业的质量，使园区能实现可持续发展。产业地产运作模式根据开发商的资源和能力而有所区别。

联东 U 谷运作模式解析

1. 企业简介

北京联东投资（集团）有限公司，创办于 1991 年，产业地产运营是其最主要的业务板块。公司以“联东 U 谷”为品牌，成功进驻北京、天津、上海、重庆、沈阳、济南、青岛、无锡、南京、合肥、郑州、广州等 20 多座城市，产业园区项目已达 60 多个，入园企业 6500 多家。在 2012–2016 年国务院发展研究中心企业研究所和中国指数研究院联合发布的排名中，联东 U 谷连续五年位居“中国产业园区十强企业排行榜”和“中国产业园区品牌价值排行榜”第一名。

表 9–1 联东 U 谷运营园区分布情况

<table>
<tr><th colspan="10">已建成园区</th></tr>
<tr><td>永乐产业园</td><td>金桥产业园</td><td>总部大观</td><td>北方耀谷</td><td>嘉定产业中心</td><td>南上海国际企业港</td><td colspan="2">总部商务园</td><td colspan="2">沈北产业园</td></tr>
<tr><td colspan="2">北京</td><td colspan="2">天津</td><td colspan="2">上海</td><td colspan="2">无锡</td><td colspan="2">沈阳</td></tr>
<tr><td>平谷国际企业港</td><td>滨海新区国际企业港</td><td>北虹桥总部经济园</td><td>铁西产业综合体</td><td>国际企业港</td><td>临港国际企业港</td><td colspan="2">经开国际企业港</td><td>国际企业港</td><td>国际企业港</td></tr>
<tr><td>北京</td><td>天津</td><td>上海</td><td>沈阳</td><td>长沙</td><td>济南</td><td colspan="2">郑州</td><td>唐山</td><td>湖州</td></tr>
<tr><td>顺义国际企业港</td><td>锡山国际企业港</td><td>国际企业创新港</td><td>漳州国际企业港</td><td>广州国际企业港</td><td>包河国际企业港</td><td>国际企业港</td><td>两江国际企业港</td><td>国际企业港</td><td>长清国际企业港</td></tr>
<tr><td>北京</td><td>无锡</td><td>烟台</td><td>漳州</td><td>广州</td><td>合肥</td><td>宁波</td><td>重庆</td><td>南京</td><td>济南</td></tr>
</table>

资料来源：北京联东投资（集团）有限公司官网

2. 运作模式

近年来，联东 U 谷在全国快速扩张，发展迅速。联东集团的组织机构设置与大多数房地产公司类似，组织架构采用事业部制。

图 9-1 联东 U 谷组织架构

已建成园区									
永乐产业园	金桥产业园	总部大观	北方耀谷	嘉定产业中心	南上海国际企业港	总部商务园	沈北产业园		
北京		天津		上海		无锡	沈阳		
平谷国际企业港	滨海新区国际企业港	北虹桥总部经济园	铁西产业综合体	国际企业港	临港国际企业港	经开国际企业港	国际企业港	国际企业港	
北京	天津	上海	沈阳	长沙	济南	郑州	唐山	湖州	
顺义国际企业港	锡山国际企业港	国际企业创新港	漳州国际企业港	广州国际企业港	包河国际企业港	国际企业港	两江国际企业港	国际企业港	长清国际企业港
北京	无锡	烟台	漳州	广州	合肥	宁波	重庆	南京	济南

联东 U 谷具有全方位的成本把控能力、专业的投资决策能力、专业的产品研发设计能力、完善的增值服务体系、成熟的招商模式以及产业地产聚合 U 模式，这六个方面是其能够实现快速复制的核心。

图 9-2 联东 U 谷六大核心

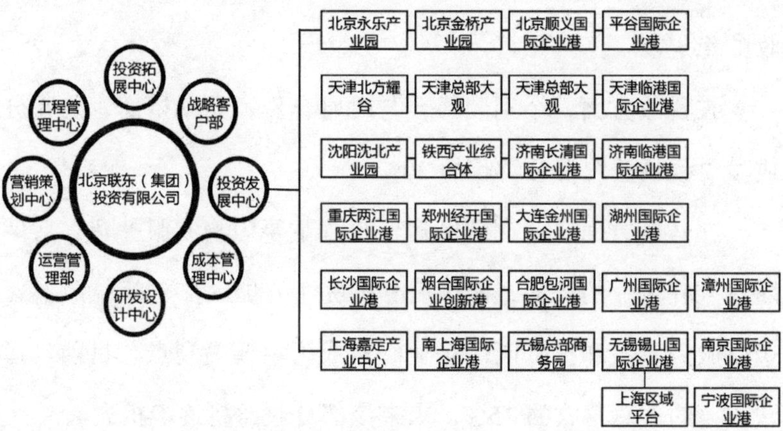

北京联东（集团）投资有限公司
投资拓展中心
战略客户部
投资发展中心
成本管理中心
研发设计中心
运营管理部
营销策划中心
工程管理中心
北京永乐产业园
北京金桥产业园
北京顺义国际企业港
平谷国际企业港
天津北方耀谷
天津总部大观
天津总部大观
天津临港国际企业港
沈阳沈北产业园
铁西产业综合体
济南长清国际企业港
济南临港国际企业港
重庆两江国际企业港
郑州经开国际企业港
大连金州国际企业港
湖州国际企业港
长沙国际企业港
烟台国际企业创新港
合肥包河国际企业港
广州国际企业港
漳州国际企业港
上海嘉定产业中心
南上海国际企业港
无锡总部商务园
无锡锡山国际企业港
南京国际企业港
上海区域平台
宁波国际企业港

3. 赢利模式分析

联东 U 谷前期以租售收入为主，后期逐步转向运营收益。

图 9-3 联东 U 谷赢利模式分析

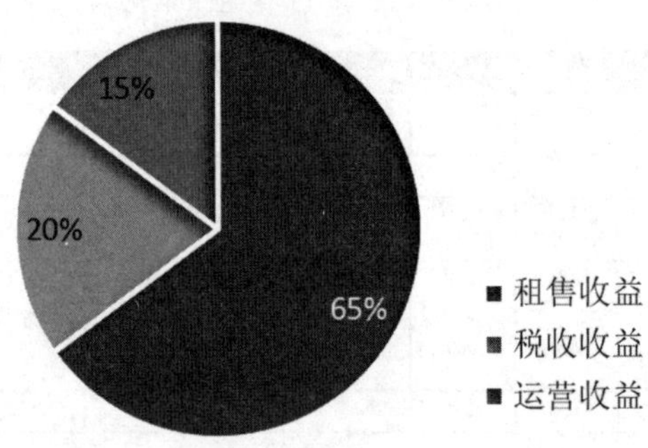

在租售方面，目前联东采取租售结合的模式，租售收益约占总营收的 65%。部分物业的销售能够实现快速回现，维持项目运营成本及资金滚动，并满足其全国大规模扩张的资金需求；而出租对入驻企业的资金要求小，门槛更低，更容易引进产业，可筛选招商企业，保障入驻企业质量，确保税收的稳定。

在税收方面，个别园区会与政府合作，共同招商，税收分成。税收收益约占总营收的 20%。

在运营方面，前期园区运营收益主要为物业服务费，后期随着入驻企业的增多，园区服务的完善，园区广告运营收益、企业服务收益和投资园区企业收益成为主要赢利点。目前，运营收益约占总营收的 15%，未来该部分收益将逐步扩大。

光谷联合运作模式解析

1. 企业简介

武汉光谷联合集团有限公司总部位于武汉东湖高新区，公司以主题产业园区开发和运营为主体，以丽岛品牌配套住宅开发为补充，目前公司业务已涉足武汉、青岛、沈阳、合肥、黄石、鄂州和黄冈等城市。

表 9-2　光谷联合开发的主题产业园项目

城市	主题产业园项目
武汉	光谷软件园
	光谷金融港
	武汉创意天地
	武汉研创中心
青岛	青岛光谷国际海洋信息港
	青岛研创中心
	青岛海洋科技园
沈阳	沈阳光谷联合科技城
合肥	合肥金融港
黄石	黄石光谷联合科技城
鄂州	鄂州光谷联合科技城
黄冈	黄冈光谷联合科技城

资料来源：武汉光谷联合集团有限公司官网

2014 年 3 月 28 日，光谷联合正式在香港挂牌上市，成为我国为数不多的产业地产上市公司之一。

2. 纵向一体化运作模式

光谷联合采用多元化、纵向一体化的运作模式，其最大优势在于旗下 31 家附属公司的分工与合作，为客户提供从设计到建设开发再到运营等的一站式服务，每项服务都有专门的附属公司，并成功将这种运营模式复制到目标城市。

图 9-4 光谷联合业务框架图

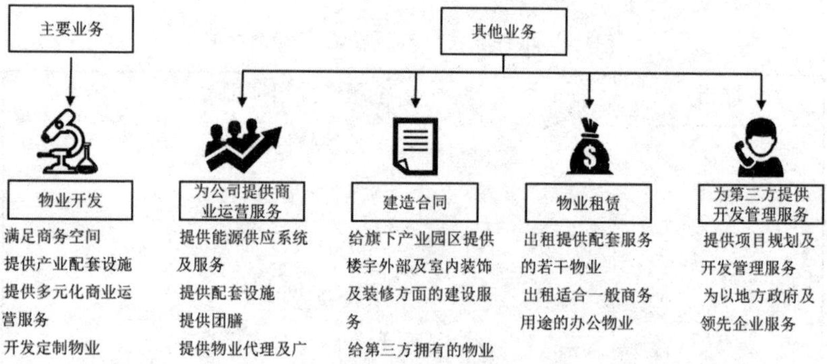

主要业务
其他业务

物业开发
满足商务空间
提供产业配套设施
提供多元化商业运营服务
开发定制物业

为公司提供商业运营服务
提供能源供应系统及服务
提供配套设施
提供团膳
提供物业代理及广

建造合同
给旗下产业园区提供楼宇外部及室内装饰及装修方面的建设服务
给第三方拥有的物业

物业租赁
出租提供配套服务的若干物业
出租适合一般商务用途的办公物业

为第三方提供开发管理服务
提供项目规划及开发管理服务
为以地方政府及领先企业服务

表 9-3 光谷联合附属公司及主营业务情况表

主营业务	附属公司名称
物业开发	黄石光谷联合发展有限公司
	青岛光谷联合发展有限公司
	沈阳光谷联合发展有限公司
	湖北科技企业加速器有限公司
	光谷金融港发展有限公司
	合肥光谷联合有限公司
	武汉美生置业有限公司
	武汉光谷联合

（续表）

主营业务	附属公司名称
物业开发	湖北汇盛科技发展有限公司
	武汉鸣鸿科技发展有限公司
	武汉光谷软件园公司
	武汉学府
	武汉金融港开发
	节能科技园公司
物业代理服务	武汉光谷联合不动产营销代理有限公司
建设服务	武汉丽岛幕墙
	武汉吉天建设
	武汉丽岛科技
人力资源服务	武汉丽岛人力资源
	武汉银训人力资源
投资控股	BVI3A
	香港三 A
物业管理服务	武汉丽岛物业管理
项目规划及设计服务	武汉光谷联合建筑设计院
劳动服务	武汉尚源
节能技术服务	光谷节能技术
机电服务	光谷节能工程
酒店管理	武汉紫缘酒店管理
团膳服务	武汉全派餐饮管理
广告服务	武汉千宝广告

资料来源：房讯网．产业研究案例：光谷联合集团研究，2014-8-28

3. 赢利分析

2011—2013 年，光谷联合营业收入持续增长，但在 2014-2015 年有所回落。2015 年光谷联合实现营业额约 19.03 亿元，实现除税前利润 7.48 亿元，净利润 5.04 亿元。其中物业开发是光谷联合赢利的主要来源。

图 9-5 光谷联合 2011—2015 年经营业务营业额（单位：亿元）

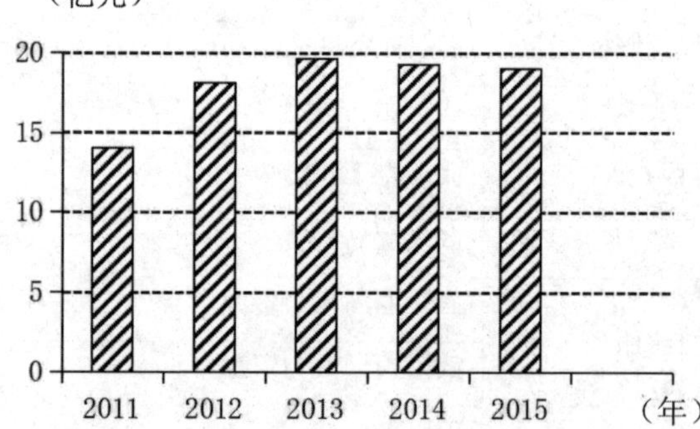

资料来源：光谷联合 2015 年年报统计分析

图 9-6 光谷联合 2011—2015 年主营业务毛利润（单位：亿元）

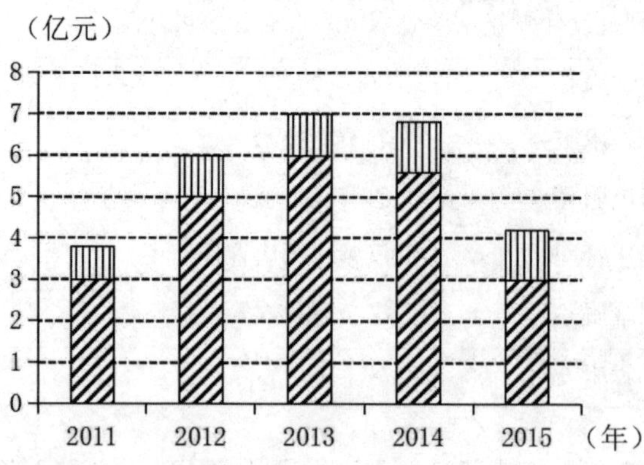

资料来源：光谷联合 2015 年年报统计分析

从营业收入组成结构来看，2015 年光谷联合物业开发（含物业销售和物业租赁）的营业额贡献率继续维持在总体的 80% 以上，成为营业收入的最重要来源。除物业开发外，建造合同和开发管理服务等服务输出营收占比为 4.36%，同比下降 3.3 个百分点，其主要原因是服务输出受市场变化影响较大，业务量有所萎缩。商业运营服务的营收占比逐年扩张，2015 年商业运营服务所得营业额达到 2.47 亿元，占总营业收入的 12.98%。

图 9-7 2014 年光谷联合营业收入组成结构图　　图 9-8 2015 年光谷联合营业收入组成结构图

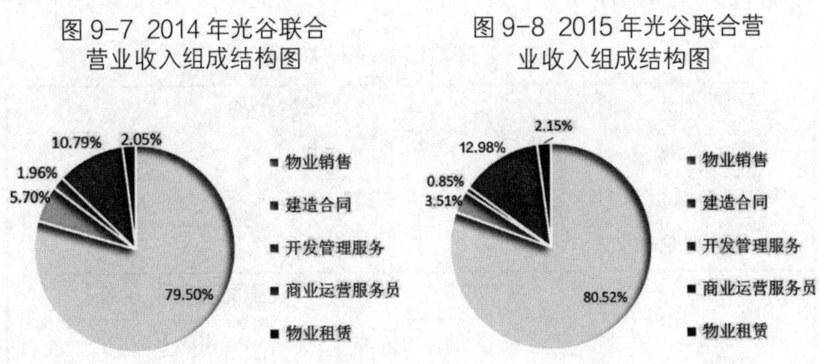

资料来源：光谷联合 2015 年年报统计分析

普洛斯运作模式解析

1. 企业简介

普洛斯创立于 1993 年，是一家新加坡公司，现已发展成为世界领先的工业物流地产投资开发商、财富 1000 强及标准普尔500家指数公司之一。普洛斯的业务遍及中国、日本、美国和巴西的117个主要城市，拥有并管理约5367万平方米的物流基础设施，形成了一个服务于4000余家客户的高效物流网络。2002年普洛斯登陆中国后快速发展，截至2016年年底，普洛斯在中国的38个城市拥有并管理着242个综合性园区，形成了一个覆盖主要物流枢纽、工业园区和城市配送中心等战略接点的高效物流网络。普洛斯在中国拥有物业总建筑面积约2772万m^2，其中完工物业约1650万m^2，计划开发约1120万m^2，土地储备约1170万m^2。

表9-4 普洛斯中国网络分布

<table>
<tr><td>网络分布</td><td colspan="2">38个主要市场</td></tr>
<tr><td>园区数量</td><td colspan="2">242个</td></tr>
<tr><td>物业总面积</td><td colspan="2">2772万平方米</td></tr>
<tr><td>完工物业</td><td colspan="2">1650万平方米</td></tr>
<tr><td>地区</td><td>城市总数</td><td>设施面积（平方米）</td></tr>
<tr><td>华北</td><td>8</td><td>303万</td></tr>
<tr><td>东部</td><td>15</td><td>806万</td></tr>
<tr><td>华南</td><td>7</td><td>145万</td></tr>
<tr><td>西部</td><td>8</td><td>321万</td></tr>
<tr><td>总计</td><td>38</td><td>1575万</td></tr>
</table>

2. 运作模式

普洛斯主要采用主导型地产商业模式，就是将物流设施出租给客户并为其提供物业管理服务，但不参与日常物流业务经营。这种模式可以有效地帮助客户企业降低成本，提高客户的核心竞争力，而无需参与物流业务经营。

普洛斯主要针对的客户是物流业、制造业和零售业等相关企业，为其提供物流设施的租赁及后续服务。

图 9-9 普洛斯提供的客户服务

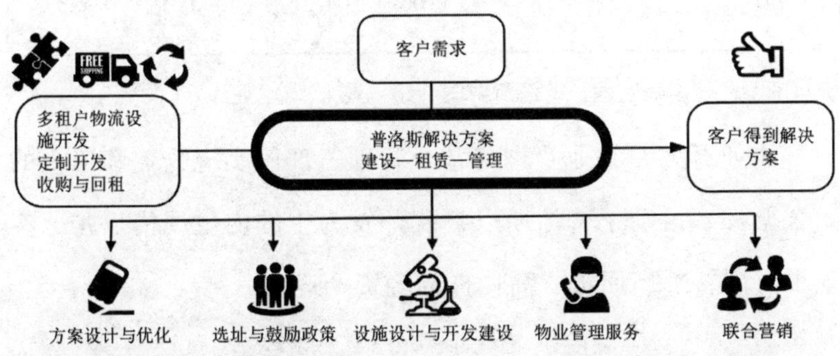

资料来源：普洛斯官网，普洛斯中国介绍（2017 年 2 月）

购地和建设物流设施所需的资金量极大，且利润回报周期非常长，一般在 10 年左右，而且物流地产面临空置带来的风险。普洛斯开发的物业全部用来出租，是因为其有基金支持，能实现轻资产的运作。

目前普洛斯共有 11 个产业基金，其中在中国有两个物流基金，这些基金平台用于收购普洛斯手中的成熟物业。收购后，普洛斯不再直接控股这些物业，但通过与基金公司签订管理协议，仍负责物业的长期运营并收取适当的管理费用。

表 9-5 普洛斯中国物流基金平台

基金名称	年份	基金名称	完整资产价值	合资伙伴	总股本保证	普洛斯联合投资
中国物流基金Ⅰ	2013 年 11 月	开发	30 亿美元	多方	15 亿美元	55.9%
中国物流基金Ⅱ	2015 年 7 月	开发	70 亿美元	多方	37 亿美元	56.4%
合计			100 亿美元		52 亿美元	56.3%

资料来源：普洛斯官网，普洛斯中国介绍（2017 年 2 月）

物业开发、物业管理与基金管理三部门实现物业和资金的闭合循环，推动了普洛斯以自我开发为主的内生规模扩张，实现了高周转、高回报、高杠杆的轻资产运营。

图 9-10 普洛斯内部运作流程

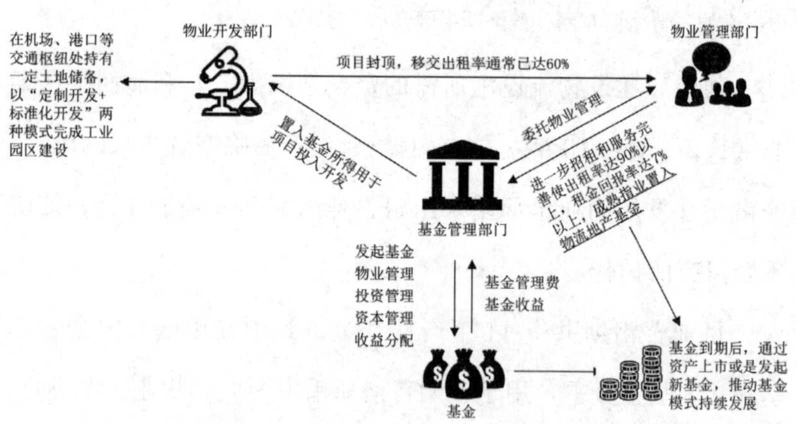

资料来源：公开资料，招商证券整理

地产物业开发部门：对土地进行一级开发，并把开发建成的物流园出售给普洛斯基金，或第三方获取溢价，或交付地产管理部门用于出租。

地产物业管理部门：将“物流地产开发业务”部门开发建成的“物流地产”出租，取得租赁收入。

地产基金管理部门：组织投资者募集资金，收购地产，设立基金，由普洛斯作为基金经理管理基金以及基金旗下的地产，获取基金管理费收入和基金分红收益。普洛斯地产基金主要通过向地产开发部门收购或向第三方收购获取地产。

图 9-11 普洛斯业务赢利模式

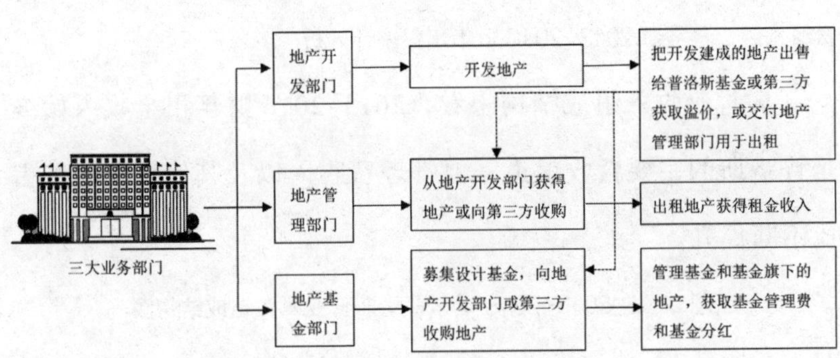

资料来源：全球最大工业地产商普洛斯经营模式研究，2009-11

3. 赢利分析

普洛斯的营业收入主要由租金收入、管理费收入（含基金管理费）和其他投资分红三部分组成，2016 财年实现营业收入约 7.8 亿元，同比增长 10%。从普洛斯 2013—2016 财年营业收入来看，公司营业收入稳步增长，2014 财年公司出售了 GLP 在日本的信托资产，加上日元相对美元走弱，使得收入减少。

图 9-12 2013-2016 财年普洛斯营业收入

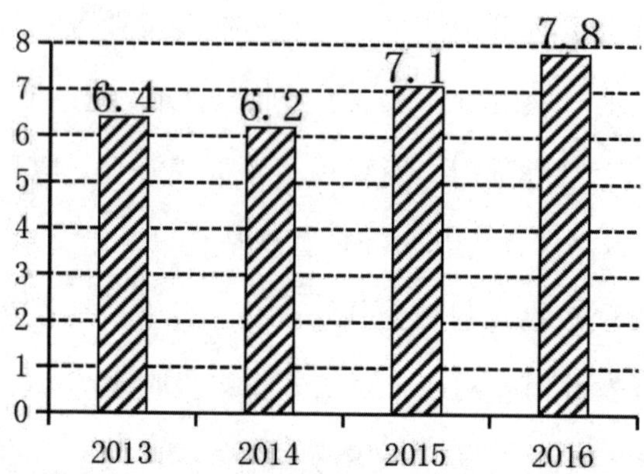

资料来源：普洛斯 2013-2016 财年年报统计分析

从营业收入组成结构来看，2013-2016 财年租金收入始终是普洛斯的主要营收渠道，但管理费收入以及其他投资分红占比不断提升。

图 9-13 2013-2016 财年普洛斯营业收入组成结构图

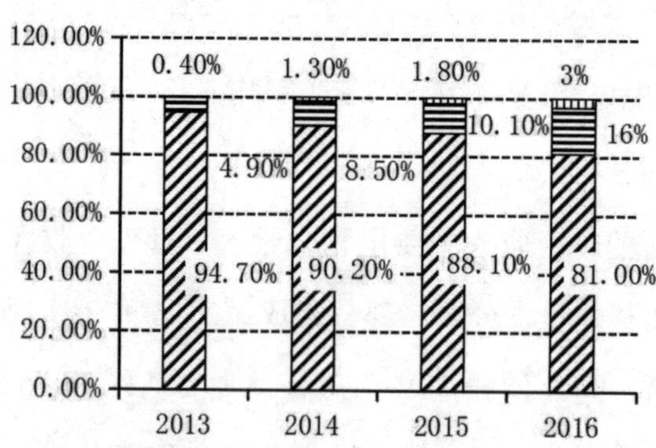

资料来源：普洛斯 2013-2016 财年年报统计分析

2016财年，普洛斯基金平台共管理350亿美元资产，基金管理费为1.5亿美元，包括9800万美元资产管理费和5200万美元开发和并购费用，占主营业务收入的19%，是赢利能力最强的业务。2013—2016年，普洛斯管理基金规模复合增速达到61%。

图9-14 2013—2016财年普洛斯营业收入组成结构图

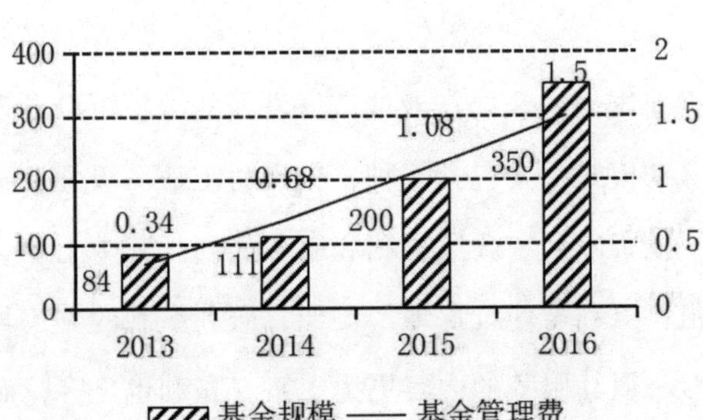

资料来源：普洛斯2013—2016财年年报统计分析

综上所述，不同的产业地产商，其运作模式有较大区别，其模式的选择与其自身所拥有的资源与能力密切相关。同时，运作模式的选择是实现企业长期发展战略的重要一环。

第二节　赢利模式解码

根据对国内主流的产业地产开发商的分析可以发现，产业地产的赢利模式主要包括五种，分别为土地一级开发赢利、租售赢利、投资赢利、政策赢利和服务赢利。其中土地一级开发赢利、租售赢利与传统房地产类似，服务赢利的方式与传统房地产类似，但其服务的内容更为丰富，赢利也更多，而投资赢利与政策赢利则是产业地产独有的赢利模式。

图 9-15 产业地产的五大赢利模式

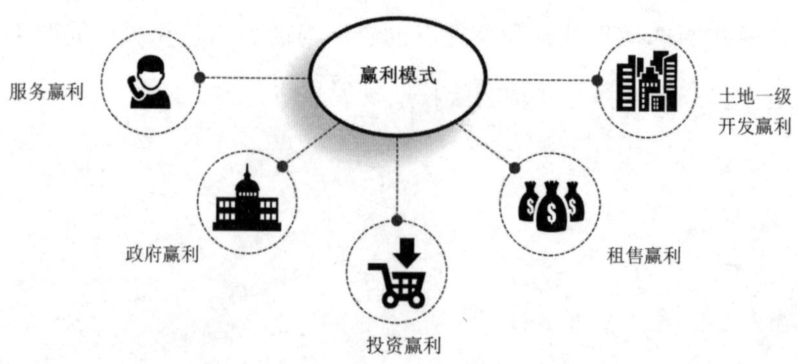

主要赢利模式分析

1. 土地一级开发赢利

沈扬认为，随着近十年中国房地产市场的热潮，土地增值的赢利能力远远超过了很多行业的赢利水平。一些园区获得土地收储、初步开发和拍卖的功能后，通过控制大面积的土地，在进行初步开发后，短期内提升土地的价值，然后进行地产开发或转让。这种模式更像一个有规划的地产开发商，获利能力非常强大，同时也为园区后期的开发奠定了雄厚的财力基础。中关村软件园在这方面做得比较好[1]。

对于拥有大量土地储备的企业，土地一级开发赢利大有可为。例如，华夏幸福基业 2015 年基础设施建设与土地整理的营业收入达到 30 亿元。

2. 租售赢利

租售赢利模式是地产项目最常见的赢利模式，通常也是最大的赢利点。绿野资本集团《产业地产投融资》研究显示，租售赢利模式是指从土地获取到物业开发及销售全程参与、自行开发，通过长期持有经营或出售产品获利。项目投资开发商或独立、或联合进行项目的整体开发，通过对已建成产业地产项目采用出租、出售或租售结合等方式，实现项目的

[1] 沈扬：产业园运营模式比较 [J]，中国经济和信息化，2011（23）

收益。通常表现为在项目地块上建造标准厂房、研发中心和配套服务等设施后，进行已定的产业主题类企业招商引进，从而获取项目销售后所带来的利润或长期持有项目而取得经营管理收益。

租售赢利是目前国内产业地产开发商的主流赢利模式，一般占营业收入的比重在 80% 以上。

3. 投资赢利

沈扬认为，投资赢利模式是指企业投资建设园区，然后通过房租、固定资产等作为合作资产，孵化有发展潜力的中小企业，在企业获得成长后引入外部战略投资者或上市，实现资产增值并收回投资。这是一种长期投资的理念，园区在中短期很难有可见的回报，但是对于一个区域的经济发展具有很强的推动作用，因为园区的发展是建立在企业投资成功的基础上的。

《分析工业地产赢利模式》一文指出，投资赢利模式在传统的厂房销售、出租赢利模式中又加入了风险投资的成分，或将给股东带来额外惊喜。这种具有风险投资性质的产业地产投资者不仅要关注其物业租售情况，还需把握其股权投资项目的发展动态，股价超常表现将主要受此因素刺激。如上海的张江高科规划每年投资园区内高科技企业的额度为 2 亿元左右，该公司投资的中芯国际和复旦张江通过在港上市已经为股东带来巨额风险投资回报。

对于园区的运营机构来说，入股自家园区企业最大的问题是由于不懂专业型企业及其市场，对入股企业的风险性与收益性不能有一个很好的判断。最好的方式是与专业的评估机构合作或成立专门的评估机构，评估入园企业的成长性与市场前景，对成长性好的企业综合评估后入股该企业。为降低园区的风险，入股不直接支付现金，而是用厂房及平台服务作为投资。

4. 政策赢利

政策赢利是指园区开发商在开发之前就与政府约定园区开发后享有的相关政策，包括对运营方和入驻企业两方面。政府对重大项目的招商引资一般都有一企一议的特惠政策，由于产业地产是为中小企业提供其发展的生态圈，一般都受到各地政府的欢迎。因此，园区开发商在前期就争取到政策优惠，不仅有利于降低入驻企业成本，提升项目吸引力，还可以作为项目持续赢利的一种方式。

在与政府谈判中，最常用且收益可观的模式是税收分成。即对于开发商引入项目的企业，在入园几年内缴纳的税收地方留存部分，由开发商与当地政府按照约定的比例分成。例如华夏幸福基业《联东 U 谷研究》发现，联东 U 谷在上海国际港与金山工业区政府利用各自资源优势，联合招商，税收分成。其中，四成归联东，六成归政府。目前税收的收益接近其总收益的 20%。

5. 服务赢利

产业地产的运营服务商不仅要全面介入园区建设，还要介入园区管理、园区升级，基础设施建设要配套物业管理、客户管理，同时兼顾产业升级。中工招商网指出，深圳地产界认为产业地产的功能不仅涵盖行政管理，还包括物流配送、金融服务、生活服务、人才服务、科研活动、会展活动、销售功能等一切能产生经济效益的服务功能。

国内专业的产业地产开发商/运营商都非常重视园区的运营辐射，其运营服务有扩大的趋势。上节提到的联东U谷、光谷联合、普洛斯，其运营服务的收入占总营收的比例在10%~30%，一般来说，运营越成熟的园区，其服务性收入越多。

服务性收入只是运营赢利中的一部分，除此之外，还有参与园区公寓、商业等物业，以及学校、医院等特殊产业的运营，能够从中获取经营性收入。

赢利模式对比研究

以上五种产业地产赢利模式具有各自的特点，在赢利特性与能力、资金需求以及对开发商核心能力要求等方面都不同，具体如表9-6所示：

表 9-6 产业地产赢利模式对比分析

赢利模式	赢利特性	资金需求	核心能力
一级开发赢利	土地增值收益	投资较小	建设能力、政府公关能力
投资赢利	企业成长股权回报	投资很小，后期资金回收不确定性大	风险评估能力、市场研究能力
租售赢利	通过土地、策划、工程建造、营销策划增值	前期投入很大，中期逐渐平衡，后期大量现金流入	政府公关能力、建筑规划能力、成本控制能力、市场研究能力、销售控制能力
政策赢利	持续性收益，园内企业科技含量越高赢利越高	基本不需额外投资	政府公关能力、政策及市场研究能力
服务赢利	随物业开发逐渐提升，总体较为稳定	前期投入较大，后期可形成较为稳定的现金流	融资能力、物业管理能力、资产运作能力

第三节 “互联网”+产业园区运营新模式

“互联网+”产业园区模式必要性

2015年3月5日，十二届全国人大三次会议召开，李克强总理在政府工作报告中首次提出制订“互联网+”行动计划，即推动移动互联网、云计算、大数据、物联网等与现代制造业结合，促进电子商务、工业互联网和互联网金融健康发展，引导互联网企业拓展国际市场。

2015年7月4日，国务院印发《关于积极推进“互联网+”行动的指导意见》（国发〔2015〕40号）。意见指出我国已具备加快推进“互联网+”发展的坚实基础，要充分发挥我国互联网的规模优势和应用优势，推动互联网由消费领域向生产领域拓展，加速提升产业发展水平，增强各行业创新能力，构筑经济社会发展新优势和新动能。这为全国各地、各领域借助

“互联网 +”平台开展经济活动提供了明确的政策指引和有利的支撑条件。

马化腾等人认为，当前我国提出“互联网 +”行动，具有如下时代特征[1]：

一是跨界融合。“+”就是代表跨界，就是变革，就是开放，就是重塑融合。敢于跨界，创新的基础就更坚实；融合协同，群体智能才会实现，从研发到产业化发展的路径才会更垂直。

二是创新驱动。我国粗放的资源驱动型增长方式早就难以为继，必须转变到创新驱动发展这条正确的道路上来，同时要敢于打破垄断格局，建立可跨界、可协作、可融合的环境与条件。这正是互联网的特质，用所谓的互联网思维来求变、自我革命，也更能发挥创新的力量。

三是重塑结构。信息革命、全球化、互联网业已打破了原有的社会结构、经济结构、关系结构、地缘结构、文化结构。结构被重塑的同时带来很多要素如权力、关系、连接、规则和对话方式的转变。

四是开放生态。依靠创新、创意、创新驱动，同时要跨界融合、做协同，就一定要优化生态。把过去制约创新的环节化解掉，把孤岛式创新连接起来，让研发由人性决定的市场来驱

[1] 马化腾等著，张晓峰、杜军编 . 互联网 +：国家战略行动路线图 [M]. 北京：中信出版集团，2015

动，让创业并努力者有机会实现价值。

中经研究认为，“互联网 +”是指从事经济活动的企业、个体及相应载体，通过运用互联网平台，拓展自身生产经营和运营管理的模式方法，弥补传统模式的不足，提升市场竞争力。

产业园区作为同产业类别企业集聚的载体，对推动产业发展具有积极的作用，也是区域经济发展和产业转型升级的重要推手，肩负着培育新兴产业、聚集创新资源和产城融合等重要职责。但是随着我国产业园区建设风潮的兴起，许多阻碍产业园区可持续发展的问题也随之出现，比如缺乏合理的统一规划、产业同质化现象严重、园区空置率高和运营服务能力弱等现象，对产业园区及入驻企业的发展形成一定的阻碍。

在当前“互联网 +”大力发展的时代背景下，如何充分运用自身优势资源，构建特色化的“互联网 +”产业园区运营模式，搭建园区线上线下互联平台，增强自身的综合服务能力，助推园区运营模式由粗放型向精细化转变，勇立产业转型升级的潮头，在区域竞争中占据先机，是当下每个产业园区亟需思考的问题。

“互联网 +”产业园区运营模式探索

中经研究认为，园区运营机构构建“互联网 +”产业园区运营系统需以满足供求关系为首要准则，通过借助互联网模式，根据园区企业需求定制服务平台，并提供相应的服务。

图 9-16 互联网 + 园区运营系统

在实际运营管理中，运用“互联网 + 产业园区”模式能够破解困扰园区运营机构的四大问题，同时四大问题的有效解决又为园区的正常经营管理和实现园区信息化、智能化发展起到良好的促进作用。

图 9-17 园区运营四大问题

1. 企业与企业

搭建企业与企业对接平台，解决企业之间不熟悉、员工之间不沟通等问题，冲破企业之间的障碍，构建资源共享体系，增加获取新业务的机会，形成内部生产力，助力企业创造更多价值。

2. 企业与市场

在传统模式下，企业在园区内部更多注重自身的经营生产，可能对外部资源、人才和市场需求等信息存在获取不及时、信息不对称等情况，园区运营机构对企业的真实需求也缺乏了解和有效支持。在“互联网 + 产业园区”新模式下，园区运营机构将更加关注企业发展的核心要点，对企业市场竞争力的提升添砖加瓦。

3. 企业与政府

搭建企业与政府沟通的桥梁，增强企业对政府产业引导、金融支持、财政补贴和税收优惠等鼓励企业发展相关政策的熟悉度和认知度，协助企业完成相关扶持政策的申报工作，降低企业的经营成本，促进政策的落地执行。

4. 园区内部

借助互联网平台，解决园区信息化、智能化水平不高，资源利用率低和管理效率较低等问题，增加园区内部的活力和市场竞争力，让园区价值得到充分发挥，形成自身的价值洼地。

不同产业类别的企业，需要园区运营机构提供的支持和服务领域具有一定的共性，比如政策服务、人力资源和企业交流等；而更多的需求往往差异很大，具有强烈的属性特征，因此园区运营机构应以园区的产业定位、行业定位及企业定位为基准，为入驻企业提供针对性的服务，增强自身的运营管理能力，获得更丰厚的运营收益。例如，作为一个服务贸易为主导产业方向的产业园区，除需要园区运营机构提供政策服务、人力资源和企业交流等服务外，还需构建融资服务、检验检测服务、企业孵化器、知识产权交易和智慧信息化综合服务等服务平台，以满足企业的生产经营需要。

图 9-18　服务贸易类园区八大服务平台

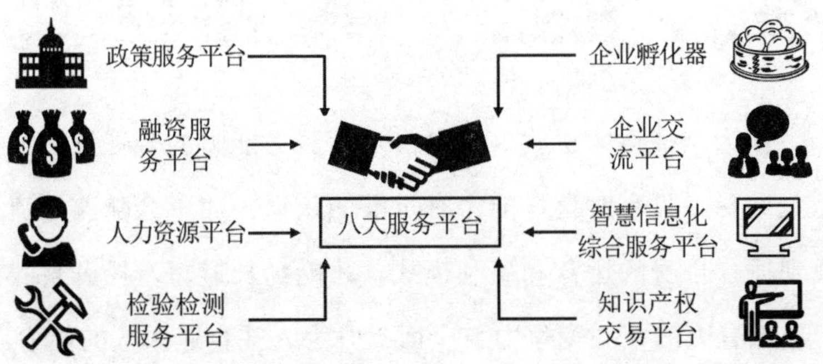

长期以来，如何向园区入驻企业及时有效地展现园区运营综合实力，让入驻企业了解园区、依赖园区、与园区共谋发展是园区运营机构不断思考的问题。在当前信息化和智能化快速发展的背景下，通过充分运用“互联网 +”模式，打造智慧园区运营服务平台，将线上线下有机结合，能够拉近园区运营机构与入驻企业之间的距离，增加相互之间信息的交流与资源共享，共同推进园区及企业的发展壮大。

图 9-19 智慧园区运营服务平台

连接无限的社区空间
CC+
产城社区运营服务平台

比你更懂你的商家
易招商
智慧的园区招商全流程服务平台

一切尽在我掌握
易控
园区移动管理与控制专家

为您的团队凝聚智慧
企业社区
创新型企业的互联网协调工作平台

一卡在手
智慧一卡通
园区通行与消费小管家

云沟通、智服务
物业办事通
一键式物业办事与服务平台

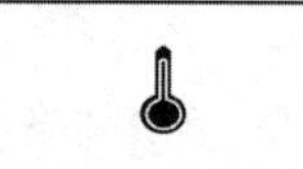

智慧有我，“节”然不同
能效管理
园区能效数据化监控与管理平台

社区智慧生活方案
30易采购
园区020采供服务云平台

作为园区运营机构，对自身运营服务能力的合理评估显得至关重要。只有对自身能力有足够的认识，才不会随波逐流；找到适合自身的运营和赢利模式，才能扬长避短，提升自我，形成强有力的核心竞争力，全面提升为入驻企业服务的能力。

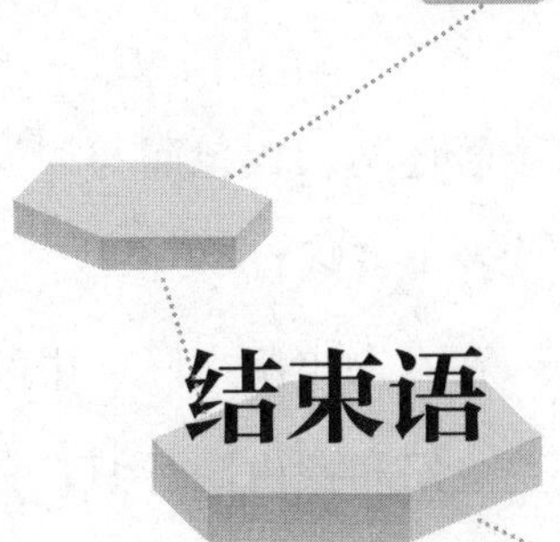

结束语

产业地产前期定位对项目而言至关重要，而产业地产定位是一个系统工程。中经研究通过多年的研究，将产业地产定位分为八大定位体系，包括产业定位、行业定位、企业定位、产品定位、配套定位、服务定位、招商定位和运营定位。这八大体系相互作用，互为支撑。

产业地产正在茁壮发展，但并未形成标准化，理论体系与实践操作都存在各种各样的问题与误区，对于中小企业如何操作产业地产或产业园的图书还屈指可数。本书的目的是系统阐述产业地产定位的理论基础，完整介绍每个操作步骤的执行方法，并试图揭示目前产业地产发展的问题，总结其经验教训，探索未来产业地产健康有序发展的方向。

本书是中经研究团队七年磨一剑，将实践和理论认知加以梳理撰写而成。同时综合介绍了一些国内外学者的理论和观点，列举了一些国内的产业地产项目，并对其发表了适当的评论。

由于著述匆匆，疏漏与谬误之处在所难免，欢迎各界同人和各位读者不吝赐教。

在本书出版之际，中经研究十分感谢多年来共同奋斗的开发企业们和业内同行们，有了他们才成就了中经研究，感谢他们对中经研究工作的支持。

中经研究还要感谢书中引用的观点、文献的作者。中经研究相信，经过产业地产业界同人的共同努力，产业地产必将迎来更加辉煌的明天。

最后，感谢一年多来为本书出力的所有研究人员、技术人员和监察人员。此书是中经研究对于产业地产如何定位的丛书的第一本，未来将会有《产业地产招商解码》《产业地产规划设计解码》《产业地产运营解码》等系列图书相继推出，敬请期待！